国語科授業サポートBOOKS

白川静
漢字教育賞
受賞

栗林育雄 [著]

上越教育大学特任准教授

苦手な子どもも
楽しく学べる！

4コマ漢字指導法

明治図書

JN043606

はじめに

　もし，自分の子が「ピーマンが食べられない」と言ってきたら，どうしますか。栄養バランスを考えれば，苦手だからといって除去してばかりはいられません。少しでも食べられるように，「ピーマンが入っているとは気が付かないぐらいに細かく刻む」「甘めの味付けにして苦みを感じないようにする」など，調理を工夫するのではないでしょうか。かつて学校給食では「苦くても，とにかく食べなさい。食べないと昼休みはありません」といった指導もありました。今時，そんな給食指導は行われていないでしょう。

　では，児童が「漢字を覚えられない」と言ってきたら，どうしますか。「難しくても，とにかくたくさん書いて覚えなさい」といった，苦手な野菜を無理に食べさせるような漢字指導をしてはいませんか。多くの児童が苦手とするピーマンのように，「多くの児童が苦手とする漢字」というものが存在します。漢字を野菜に例えるならば，そのまま食べられるものもあれば，加熱して味付けを工夫しないと食べられないものもあるのです。野菜を食べやすくするために調理を工夫するように，漢字を習得しやすくするために指導を工夫することが必要です。

　学校図書株式会社『みんなと学ぶ小学校国語　教師用指導書解説編』（令和２～５年度版）には「個々の漢字についての意味・成り立ち・読みなどについては，指導者の自主的な事前学習に期待したいところである」とあります。物語文や説明文の指導にも型のようなものはありますが，だからといって個々の物語文や説明文の教材研究をせずに授業をする人はいないでしょう。ところが，漢字指導となると「テストを設定し，家庭学習で習得させる」といった方法が中心で，漢字そのものの教材研究はあまり行われていないように感じます。１年生の中には，「ひらがなよりも漢字の方が覚えやすい」という児童もいます。「山・川・木・日」などの象形文字は，点画が何を表すかがわかりやすいからです。ところが，学年が進んで象形文字が少なくなると，習得に苦労するようになります。漢字の点画が何を表しているかわから

ず，意味のない点と線の集合体にしか見えないからです。ですから，自分が書いた字の点画が多くても少なくても，おかしいと感じないのです。

　そこで本書は，イラストから漢字への過程を4段階で表し，象形文字ではない漢字も点画が何を表しているかをイメージしやすくしました。名付けて「漢字4コマ指導法」です。成り立ちを参考にしていますが，成り立ちを教えることが目的ではありません。あくまでも漢字を習得しやすくするための手段の一つです。ですから，諸説ある成り立ちの中から「多くの児童にとって，よりわかりやすいもの」を選択しています。一部をアレンジしたものもありますし，よいものがない場合は全く独自の解釈をしているものもあります。たくさんの実践を積み重ねて，「この説明の仕方が児童にはベター」というものを本書にまとめました。いわば児童の好みに応じて調理を工夫し，少しずつ味付けを改良してきた「漢字指導のレシピ本」です。「この味付けでなければならない」という正解が料理にはないのと同様に，漢字にも「こう解釈しなければならない」という正解があるわけではありません。ベターであってベストでないのは，もっとよい解釈と説明の仕方もあると考えるからです。

　「漢字4コマ指導法」のねらいは「部首や部分の意味を理解させることで漢字を習得しやすくすること」と「既習事項を活用して自分なりに解釈できるようにすること」です。「基本アイテム」や「各学年の漢字解説表」を参考にしてこつをつかめば，漢字を自分なりに解釈できるようになります。第3章の実践例を参考に，成り立ちの諸説にとらわれない自由な発想で，漢字を解釈することの楽しさを児童にも味わわせてほしいです。

　多忙を極める学校現場ですから，漢字の教材研究をする時間を確保することが難しいと思います。本書を使って効率よく教材研究できるよう，複数の書籍から集めた諸説もできる限り併記しました。「自分だったら，こう解釈する」「自学級なら，こう説明した方がよいかも」と，漢字の教材研究をすることの楽しさを感じてもらえたら幸いです。

栗林　育雄

CONTENTS

第3章

楽しい学びに変える！漢字学習アイデア事典＋α

第4章

押さえておきたい！漢字指導の基礎知識

おわりに

参考文献一覧

第 **1** 章

漢字の指導改善にどう取り組むか？

01 漢字の点画の意味を理解させる

(1) 「苦手漢字」に指導改善のヒントがある

　「漢字をどう指導したらよいか，わからない」という声を耳にします。漢字ドリルはとてもよく作られていて，これを使えば自力で漢字を学習することも可能です。そのため，授業では筆順や部首，用法などを確認する程度で「各自で○回ずつ練習」「○日に漢字テストをします」といった児童任せ，家庭学習任せの漢字指導になりがちです。このやり方で習得できる漢字もありますが，回数をこなしても習得しにくい漢字もあります。

　「漢字テストでまた○人も不合格だ」「家でまったく練習をしてこない」という教員同士の会話を耳にすることもあります。指導と評価の一体化に即して考えれば，テストの結果を受けて「どうすれば習得できるようになるか」という指導改善に努めなくてはなりません。ところが，漢字テストの結果がどんなによくなくても，「練習回数を増やす」「合格できるまで再テストをする」といった漢字指導が繰り返されることが多いです。その理由は，多くの教員が子どもの頃に，児童任せ，家庭学習任せの漢字指導しか受けてこなかったからです。模範となる漢字指導をイメージすることができないので，「とにかくよく見て，たくさん書いて覚えなさい」としか言えないのです。

　各年代の漢字習得度調査結果を比較すると，共通して習得度の低い漢字が見られます。つまり，「どの年代，どの児童にとっても習得しにくい漢字」があるといえます。これを「苦手漢字」と呼ぶこととします。一般的に「画数の多い漢字ほど，習得度が低い」と考えられがちです。ところが，画数のあまり多くない「入・汽・半・放・革」などの漢字も見られることから，画数だけが「苦手漢字」の要因ではないといえます。

1年生　入草百虫町年村先足など	2年生　汽半麦黄画昼切場週など
3年生　農放階祭期院族鉄寒など	4年生　旗票郡刷要貨挙特達など
5年生　講程制版統務構適採など	6年生　革善批穀拝討蔵陛就など

各学年の「苦手漢字」の例（習得度の低い順）

画数以外の「苦手漢字」の要因として，次のことが考えられます。

要因❶　生活場面での馴染みのなさ

日常生活で使用場面が限られる漢字は習得率が低くなりがちです。昭和から平成になり，「昭」の習得率が大きく低下したことにも表れています。

要因❷　似た漢字や似た部分との混同

「入・人」「足・虫」「末・未」などの似た字形の漢字や，「又・久・攵・欠」などの似た部分を混同してしまう児童がいます。

要因❸　先入観による点画の過不足

「幸・達」「境・競」「専・博」など，前に学習した漢字と同じだという先入観で，点画の過不足に気付かずに覚えてしまう児童がいます。

要因❹　同音異義語との混同

「関心・感心」「適・敵」「鋼・鉱」「否・批」のように，新たに同じ音をもつ漢字を学習することで，表記の際に混同してしまう児童がいます。

「苦手漢字」は，多くの児童が同じ部分を同じように間違います。ここに指導改善のヒントがあると考えます。「苦手漢字」の要因に共通するのは，児童が「点画が何を表しているかを理解していない」ということです。例えば，「欠＝口を開ける人」を知っていれば，「飲」や「歌」に「攵＝叩く人」と書くのはおかしいと感じることでしょう。また，「又＝手」を知っていれば，「投」や「授」に「攵＝足」とは書かなくなるはずです。

ところが，こうした基本事項を知らずに漢字指導をしている教員が少なくないように感じます。まずは，教える側が「点画が何を表しているか」ということを理解することが，指導改善の第一歩であると考えます。

(2)　成り立ちを参考に点画の意味を解釈する

　成り立ちを参考にして漢字の教材研究をすると，どうすれば「苦手漢字」を習得しやすくできるかが見えてきます。

　例えば，「達」の主な誤答傾向は「幸」との混同です。先に「幸」を習得することで「辶＋幸」だと思ってしまうのです。「１画足らないよ」という声掛けだけでは，なかなか改善しません。「幸より１画多い」ことの意味がわからなければ，しばらくして同じように間違いを繰り返してしまいます。

　「幸」より１画多いのは，「土＋羊」だからです。もとの字は「㚏」で，「大」がつぶれて「土」になりました。「母羊（大）から（羊）が生まれ落ちる情景」「のびやか（大）に跳ね回る（羊）」「両手を広げた人（大）と（羊）」などの説があります。「達」を含む「配達・速達・上達・達成・達人」などの熟語には「とどく，たどり着く」という意味があります。ですから，筆者は「人（大→土）が（羊）を届けに道を行く（辶）様子」と解釈します。

　これをイラストなどでイメージしやすくします。イラストから漢字に変化する過程を４段階で視覚化したので，名付けて「漢字４コマ指導法」です。「羊」を強調して指導することで，「幸」と書く児童がほとんどいなくなります。それでも，うっかり「幸」と書いてしまう児童には，「あれ？ここに動物がいたよね？」と声を掛けるとよいです。すると，「あ，そうだ。ここは羊だった」と「幸」よりも１画多いことの意味を想起させ，習得につなげることができます。

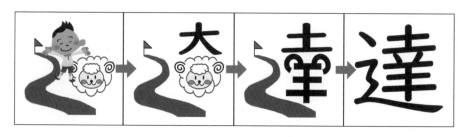

(3) 漢字の成り立ちについて

　このように，成り立ちは点画の意味を解釈し，指導に生かすのに参考になります。ただし，そのままでは授業で活用しにくいものもあります。

❶児童にはふさわしくない説がある

　諸説の中には，「民」「取」のように古代中国の殺伐とした風習を成り立ちとする漢字も見られます。こうした説は，授業で話すべきではないと考えます。「漢字を習得しやすくする」という目的のためだけに，わざわざ恐ろしい思いをさせる必要はないからです。成り立ちに興味をもった児童が，自分で調べて「そういう説もあるのか」と知ればよいことだと思います。

　本書では，残酷な風習や死を連想させるものについては，別の解釈に変えています。例えば，「民＝介護する市民」「取＝耳垢を取る様子」としています。「尸（しかばね）」は死者を表す部首ですが，「尸＝平らな屋根の建物」（屋・局・居・届など）としています。

❷旧字体から大きく字体の変わった漢字がある

　「圓→円」「學→学」のように，旧字体から簡略化された漢字の部首や部分は，成り立ちで説明することはできません。旧字体にさかのぼって説明している児童向けの書籍もありますが，かえって難しく感じるものもたくさんあります。旧字体から大きく字体の変わった漢字には，次のようなものがあります。

円（圓）	学（學）	虫（蟲）	画（畫）	会（會）	体（體）
楽（樂）	広（廣）	台（臺）	当（當）	来（來）	など

旧字体から大きく字体の変わった漢字の例

❸複雑に展開する説もある

　漢字は，古代中国の文化を背景として生まれたものなので，現代日本の文化では理解しにくい成り立ちもあります。中には，原義から「引いて〜」「転じて〜」「借りて〜」と複雑に展開するために，大人が読んでも難しい説もあります。

　学校図書株式会社『みんなと学ぶ小学校国語　教師用指導書解説編』の「各領域の指導のねらいと教材の位置付け」には，次のような記述があります。

> 　歴史的な過程において，漢字の字形，発音，意味に，日本独自の変化も生じた。したがって，日本語の漢字は，日本語の一部として正確に把握するべきであり，文字の原初的な成立だけにとらわれるのは本質を見誤るおそれがある。例えば，古代中国の特殊な文化事象が，ある漢字に反映されているとしても，それが後世の，まして外国である日本の漢字理解を助けるとはかぎらない。

　ですから，そのままでは授業で活用しにくい成り立ちの漢字については，工夫する必要があります。

(4)　成り立ちの諸説だけにとらわれない解釈をする

　下村昇氏は，「ある程度は，漢字研究の専門家や学者の考えと違って，字源として専門的には首をかしげるような説明であっても，字体やその漢字の意味の上から，親しみやすくわかりやすいものを作りたいと思うのです」（下村昇『漢字の成り立ち』高文研）と述べ，『となえておぼえる漢字の本』シリーズ（偕成社）などで，独自の解釈を加えた成り立ちを提示しています。

　また，武部良明氏は，日本語を母語としない学習者も習得しやすいよう，旧字体に基づいて解釈するのではなく，あくまでも現在の形で意味を捉えるべきだとしています。例えば，「学」は，「學」ではなく，「飾り（ツ）＋学帽（冖）＋（子）」と，現在の形で解釈しています（武部良明『漢字はむず

かしくない―24の法則ですべての漢字がマスターできる』アルク）。

　漢字の成り立ちは，有識者ごとに見解が異なり，複数の説が存在するものがあります。例えば，「白」には，次のような説があります。

○白川静『字統』平凡社
　　→白骨化した頭蓋骨の形
○小川環樹・他『角川新字源　改訂新版』角川書店
　　→白骨化した頭骨の形
○藤堂明保・他『漢字源　改訂第六版』学研プラス
　　→ドングリを描いた図形
○下村昇『となえておぼえる漢字の本　小学１年生』偕成社
　　→お日さまのひかりがさしているかたち
○鎌田正・米山寅太郎『新漢語林　第二版』大修館書店
　　→頭の白い骨の象形とも，日光の象形とも，どんぐりの実の象形とも
　　　いい，しろいの意味を表す

　下村氏と武部氏はどちらも，「字源研究者を育てることが目的ではない」「学習者が漢字を習得しやすくするための手段の一つ」として，使える成り立ちは利用し，使いにくいものは独自に解釈する，としています。

　筆者も，諸説ある成り立ちの中から「多くの児童にとって，よりわかりやすいもの」を選択しています。一部をアレンジしたものや諸説のよいところを組み合わせたものもありますし，どの説にもよいものがない場合はまったく独自の解釈をしているものもあります。これまでの実践を通して，児童の反応を得ながら修正を加え，現在の形にたどり着きました。本書では，ほぼ諸説のとおりの解釈（★★★），一部をアレンジまたは諸説のよいところの組み合わせ（★★），筆者のほとんど独自の解釈（★）と，「★」の数で筆者のアレンジ具合がわかるようにしています。

02 漢字４コマ指導法とは?

(1) 目指す児童の姿

❶部首や部分などの「基本アイテム」の意味がわかる

「イ・氵・艹・扌」などの部首だけでなく，「夂・又・寸」なども多くの漢字に含まれています。こうした複数の漢字に含まれる部首や部分を「基本アイテム」と呼ぶこととします。基本アイテムの意味を理解することで，多くの漢字を習得しやすくなります。また，よく似た部首や部分の混同を防ぐことにもつながります。例えば，４年生で「初」を学習すると，３年生までは正しく書けていた「神・福・礼」さえも「ネ」と書く児童がいます。

　４年生で「初」を学習する際に，「ネ＝衣が変化した形で，衣服に関係する」ことを理解させます。それと同時に，３年生までに学習した「ネ＝お供えの台である示が変化した形で，神事・祭事に関係する」ことを再確認します。「社・神・福・礼」の意味を改めて確認することで，「ネ」と間違って書く児童を減らすことができます。

❷自分なりに漢字を解釈することができる

　新出漢字を学習する際，まずは既習事項をもとに，自分なりに解釈できるかを試させることが大切です。既習事項の組み合わせでしかない漢字は，自力で解釈することが可能です。例えば，「宀＝建物の屋根」「寸＝手」がわか

れば，「守＝手で建物をまもる様子」と解釈することができます。

　第2章の各学年の漢字解説表は，あくまでも筆者が諸説を参考にして解釈したものにすぎません。児童も基本アイテムや各学年の漢字解説表を参考にしてこつをつかめば，漢字を自分なりに解釈できるようになります。

　第3章の実践例を参考に，諸説だけにとらわれない自由な発想で，漢字を解釈することの楽しさを児童にも味わわせるとよいです。その経験が，今後出合う多くの漢字も，自分なりに解釈して習得しようとする意欲につながると考えるからです。

❸漢字の「知のネットワーク」を築くことができる

　漢字を1字ずつ細切れに習得させるのではなく，「既習事項を生かして新出漢字を習得し，新たに習得したことをさらに別の漢字の習得に生かす」という「知のネットワーク」を築かせることが大切です。

　3年生で学習する「福」を例に説明します。部首は，2年生の「社」で学習した「ネ＝神事・祭事に関する漢字」を想起させます。そして，新たに学んだ「畐＝財貨や宝物で満たされている様子」を，のちの漢字習得に生かせるようにします。4年生の「富＝建物（宀）が財貨や宝物で満たされている（畐）様子」や「副＝財貨や宝物（畐）を分ける（刂）様子」といった具合です。こうした経験が，「幅＝財貨や宝物（畐）の下に敷き広げる布（巾）の大きさ」として，中学校での習得にもつながると考えます。

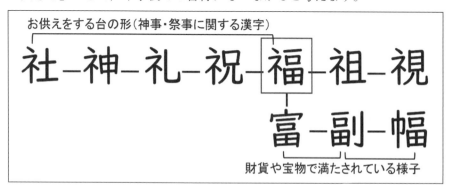

(2) なぜ4コマも必要なのか

　多くの児童書や漢字ドリルでは，成り立ちの解説が２コマ程度で示されることが多いです。それだと，「農・旗・講・穀・階・院」のように３つ以上の部首や部分で構成されている漢字は，わかりにくいこともあります。４コマを使って少しずつ部首や部分の変化を見せることで，「どこがどう変化したのか」ということをわかりやすくしています。

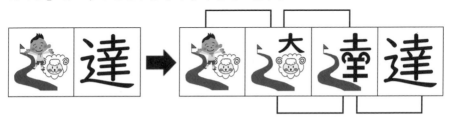

(3) 掲載漢字の選出について

　本書では，小学校配当漢字1026字のうち400字を選出して解説しています。掲載漢字は，次の視点で選出しました。
　①多くの児童が同じように間違う「苦手漢字」
　②漢字ドリルなどで成り立ちを解説されることの少ない漢字
　③解説文だけではわかりにくい漢字
　漢字ドリルなどで解説されることの多い漢字は，苦手漢字であっても掲載していません。また，「青・晴・清・情・精」「寺・時・詩・持・待・特」のように同じ部分をもつ場合は，基本アイテムと組み合わせれば解釈が可能なため，その中から１つだけを選出して解説しています。つまり，「本書」＋「児童向け書籍や漢字ドリル」＋「基本アイテムとの組み合わせ」で，配当漢字1026字のほぼ全体を理解できるようにしてあります。

⑷　同じ部分はできるかぎり同じ解釈をする

　児童に「どうして海（洋）に羊がいるの？」と質問されたら，どう答えますか。「羊はヨウという音を表すからだよ」と答えるだけでは不十分です。確かに「洋」や「養」は，形声文字なので「ヨウ」と読めます。しかし，「美」「善」「鮮」は羊を含みますが，「ヨウ」と読みません。

　成り立ちの諸説の中には，同じ部分なのに「ただし，この場合は○○」と漢字ごとに解釈が変わるものもあります。それでは，せっかく学習した部首や部分の意味を活用しにくいです。そこで本書は，基本的に同じ部分は同じ解釈とすることで，その後に学習する漢字に活用できるようにしています。

　例えば，羊は優雅で豊満な見た目から，「たっぷり，ゆったり，豊かな様子」という意味を表します。ですから，「水がたっぷり＝洋」「たっぷり食べる＝養」「たっぷり大きい＝美」「褒め言葉をたっぷり口にする＝善」「魚がたっぷり＝鮮」「言葉がたっぷり＝詳」と，すべて「たっぷり」という意味で解釈することができるのです。

洋	養	美	善	鮮	詳

　ただし，漢字ごとに解釈を変えざるを得ないものもあります。児童が混乱しないように，本書では最低限にとどめています。そのような部首や部分については，複数の意味をもつことをあらかじめ指導しておくとよいです。

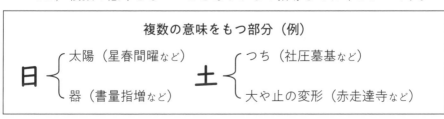

複数の意味をもつ部分（例）

日 ┤ 太陽（星春間曜など）
　　└ 器（書量指増など）

土 ┤ つち（社圧墓基など）
　　└ 大や止の変形（赤走達寺など）

⑸ 漢字解説表（p.32〜）の見方

❶左のイラストから順に４つのコマで漢字に変化していきます。

❷成り立ちの諸説からのアレンジ具合を★の数で表しています。

★★★	→ほぼ諸説のとおりの解釈
★★	→一部をアレンジまたは諸説のよいところの組み合わせ
★	→筆者のほとんど独自の解釈

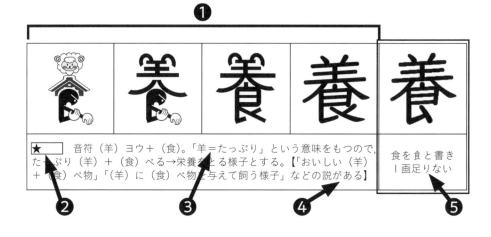

❸諸説を参考に，筆者の解釈や指導の工夫を記載しています。形声文字の音符は，「（羊）ヨウ→洋・様・養」「（君）クン→グン→郡・群」のように活用しやすいものだけにしています。「（兌）エツ→（説）セツ・（税）ゼイ」「（弗）フツ→（費）ヒ」のように漢字ごとに音が変化するものは活用しにくいので，形声文字であっても記載していません。

❹【 】の中に成り立ちの諸説をできるかぎり多く記載しています。

❺誤答例を記載しています。あらかじめ，「こう間違う人が多いよ」と提示しておくことで，誤答を減らすことが期待できます。

第 2 章

楽しく取り組める！
学年別
漢字４コマ指導法

00　漢字の「基本アイテム」

基本的な部首や部分の意味を確実に理解させる

　小学校配当漢字を構成する部首や部分は約300種あり，そのうち１年生（約70種），２年生（約100種），３年生（約60種）と，全体の約７割超が３年生までに初出します。４年生以降の漢字の多くは，既習の部首や部分で構成されており，初出の部首や部分は少なくなります。つまり，３年生までの漢字学習が，その後の漢字習得に大きく影響するといえます。漢字学習は，小学校配当漢字1026字を習得して終わりではありません。卒業後も，たくさんの漢字との出合いが待っています。既習事項を活用して自分なりに解釈できるようになれば，生涯を通じて漢字を習得しやすくなります。まずは，基本的な部首や部分の意味を確実に理解させることが大切です。

　本書は，「多くの漢字に含まれるもの（例：氵亻イ）」や「混同しやすいもの（例：夂夊欠又）」を「基本アイテム」として選出しました。意味は，成り立ちの諸説を参考にしています。ただし，「尸・ハ・方」については筆者独自の解釈をし，「言」は武部良明氏の解釈を採用しています。

　部首の「飠」と「食」は別の字だと思っている児童も中にはいます。「飠」は，「食」が組み合わさる漢字とぶつからないように変形（相譲相避）したものです。他にも，「牛・土・金・耳・米・舟」などが部首になると変形しますし，中には画数が異なるもの（食→飠，手→扌，心→忄）もあります。形は変わっても意味は変わらないことを指導しておくとよいです。

> 　表の中の「◆含む漢字」は，「部首」だけでなく「部首ではないがその形を含んでいるもの」も例示しています。また，「○主な名称」は，辞典によって呼び方が異なるものがあります。

部首や部分			→意味 ○主な名称 ◆含む漢字
	夂	夂	→足（夂）の形 ○すいにょう／なつあし／ 　ちにょう／ふゆがしら ◆夏 後 麦 冬 愛 変 各 　条 複 など　**初出：2年生**
	攵	攵	→棒やムチで叩く人（攵）の形 ○ぼく／ぼくにょう／ 　ぼくづくり／のぶん ◆教 数 放 改 散 敗 牧 　救 故 など　**初出：2年生**
	欠	欠	→口を開ける人（欠）の形 ○あくび／けんづくり ◆歌 次 飲 茨 資 姿 欲 　など 　**初出：2年生**
	又	又	→手（又）の形 ○また ◆友 反 度 受 取 軽 祭 　極 努 支 護 授 収 暖 　など　**初出：2年生**
	殳	殳	→手でものを持つ（殳）形 ○るまた／ほこづくり／ 　たてぼこ ◆投 役 殺 設 穀 など 　**初出：3年生**
	寸	寸	→手（寸）の形 ○すん／すんづくり ◆村 寺 時 守 対 等 付 　府 博 特 団 導 射 得 　専 尊 など　**初出：1年生**

「◆含む漢字」は，「部首ではないがその形を含んでいるもの」も例示しています。

基本アイテム

1年生の漢字

2年生の漢字

3年生の漢字

4年生の漢字

5年生の漢字

6年生の漢字

部首や部分			→意味　○主な名称　◆含む漢字
			→手（扌）の形 ○てへん ◆拾　打　指　投　持　折　接 　採　授　損　提　招　技　拡 　捨　推　など　　**初出：3年生**
			→ものを囲え込む手（ム）の形 ○む ◆台　強　広　公　会　去　育 　治　参　伝　芸　法　弁　仏 　総　酸　など　　**初出：2年生**
			→手（又→ヨ）の形 ○けい／けいがしら ◆当　雪　帰　急　など ※「聿」「尹」にも含まれる 　　　　　　　　**初出：2年生**
			→上からつまむ手の形 ○つめ／つめかんむり ◆受　菜　媛　授　採　将　暖 　乳　など 　　　　　　　　**初出：3年生**
			→人（イ）の形 ○にんべん ◆休　何　作　体　化　係　仕 　使　住　他　代　倍　位　億 　候　佐　など　　**初出：1年生**
			→十字路（行→イ）の形 ○ぎょうにんべん ◆行　後　役　待　街　径　徒 　徳　衛　往　術　得　復　従 　縦　律　など　　**初出：2年生**

「◆含む漢字」は，「部首ではないがその形を含んでいるもの」も例示しています。

部首や部分			→意味　○主な名称　◆含む漢字
		厂	→切り立った崖（厂）の形 ○がんだれ ◆原 圧 厚 歴 灰 岸 炭 　危 厳 など 　**初出：2年生**
		广	→屋根（广）の形 ○まだれ ◆広 店 庫 庭 度 康 席 　底 府 応 序 座 など 　**初出：2年生**
		疒	→人が病気のため，家のベッド （疒）に寝ている様子 ○やまいだれ ◆病 痛 など 　**初出：3年生**
		尸	→通説は「亡くなった人の姿」だ が，本書では「平屋根の建物 （尸）の形」とする ○しかばね／しかばねかんむり ◆屋 届 など　**初出：2年生**
		亼	→「人の姿（𠆢）」「屋根や蓋 （亼）」だが，本書ではどちらも 「屋根や蓋の形」とする ○ひとやね／ひとがしら ◆命 倉 など　**初出：1年生**
		宀	→屋根（宀）の形 ○うかんむり ◆字 家 室 客 定 宮 守 　実 寒 安 宿 など 　**初出：1年生**

「◆含む漢字」は，「部首ではないがその形を含んでいるもの」も例示しています。

部首や部分			→意味　○主な名称　◆含む漢字
		冖	→覆いかぶせるもの（冖）の形 ○わかんむり ◆売 写 深 運 軍 帯 夢 　確 深 優 穀 など 初出：１年生
		卩	→ひざまずく人，うずくまる人 （卩）の姿 ○ふし／ふしづくり ◆命 印 節 など 初出：３年生
		勹	→人が腕を前に伸ばして物を抱き かかえる（勹）形 ○つつみがまえ／ほうがまえ ◆的 包 約 均 句 胸 敬 　など 初出：３年生
		阝	→丘，階段，はしごなど，上り下 りする場所（阝）の形 ○こざとへん ◆階 陽 阪 陸 防 険 際 　限 など 初出：３年生
		阝	→村や町などの集落を表す ○おおざと ◆部 都 郡 郵 郷 など 初出：３年生
		忄	→心（忄）が立つ形で，心情に関 する漢字に含まれる ○りっしんべん ◆快 慣 情 性 など 初出：５年生

「◆含む漢字」は，「部首ではないがその形を含んでいるもの」も例示しています。

部首や部分			→意味　○主な名称　◆含む漢字
	示	ネ	→神に捧げるための台（示→ネ）の形 ○しめすへん ◆社 神 福 礼 祝 祖 視 など **初出：2年生**
	衣	ネ	→衣服（衣→ネ）の形 ○ころもへん ◆初 複 補 など **初出：4年生**
	辵	辶	→足で道を行く（辵→辶）形 ○しんにょう／しんにゅう ◆遠 近 通 道 週 運 進 送 速 追 返 遊 選 達 辺 連 など　**初出：2年生**
	廴	廴	→イが長く伸びた（廴）形で引き伸ばすことを表す ○えんにょう／いんにょう ◆庭 建 健 延 誕 など **初出：3年生**
	儿	儿	→人の下半身(儿)の形。人を表す ○ひとあし／にんにょう ◆見 先 兄 元 光 売 境 説 焼 など　**初出：1年生**
	止	止	→足（止）の形 ○とめる／とめへん ◆正 歩 歯 整 路 歴 証 武 政 延 誕 など **初出：1年生**

「◆含む漢字」は，「部首ではないがその形を含んでいるもの」も例示しています。

基本アイテム

1年生の漢字 / 2年生の漢字 / 3年生の漢字 / 4年生の漢字 / 5年生の漢字 / 6年生の漢字

部首や部分			→意味　○主な名称　◆含む漢字
		巾	→布（巾）の形 ○はば／はばへん／きんべん ◆市 姉 帳 刷 席 希 帯 　布 常 師 綿 幕 など **初出：2年生**
		幺	→糸（幺）の形 ○よう／ようへん／いとがしら ◆後 機 滋 率 幼 磁 　など **初出：2年生**
		糸	→（糸）の形 ○いと／いとへん ◆絵 紙 組 細 線 係 終 　級 緑 練 孫 給 縄 約 　結 続 など　**初出：1年生**
		文	→衣の胸元（文）の形 ○ぶん／ぶんにょう ◆対 済 など **初出：1年生**
		衣	→衣服（衣）の形 ○ころも ◆表 製 裁 装 俵 など **初出：3年生**
		方	→通説は「農具の形」だが，本書 　では「模範・先導する人・向き 　（方）」とする ○ほう／ほうへん／かたへん ◆放 旅 など　**初出：2年生**

「◆含む漢字」は，「部首ではないがその形を含んでいるもの」も例示しています。

部首や部分			→意味 ○主な名称 ◆含む漢字
	用	用	→籠（用）や手桶（甬）の形 ○よう／もちいる ◆用 備 通 痛 など 初出：2年生
	冊	冊	→綴った竹簡・木簡（冊）の形 ○（さつ）※部首ではないので正しい名称はない ◆輪 編 論 など 初出：4年生
	隹	隹	→尾の短い鳥（隹）の形 ○ふるとり ◆曜 集 進 観 準 雑 護 　確 推 難 権 奮 など 初出：2年生
	羊	羊	→（羊）の形。たっぷりと豊かであることを表す ○ひつじ／ひつじへん ◆美 養 様 洋 群 義 達 　善 着 など　初出：3年生
	犭	犭	→犬や狼（犭）などの形 ○けものへん ◆独 犯 など 初出：5年生
	牛	牛	→（牛）の頭部の形 ○うし／うしへん ◆物 特 牧 解 件 など 初出：2年生

「◆含む漢字」は，「部首ではないがその形を含んでいるもの」も例示しています。

部首や部分			→意味　○主な名称　◆含む漢字
		土	→❶土から芽が出る（土）形 ◆社 地 場 圧 墓 基 など →❷（大・止）の変形 ◆赤 走 達 去 寺 など ○つち／つちへん　初出：1年生
	口	口	→❶器（口）や窓などの形 ◆右 合 品 各 器 など →❷くち（口）の形 ◆名 鳴 味 唱 加 など ○くち／くちへん　初出：1年生
	日	日	→❶太陽（日）の形 ◆星 春 間 曜 陽 など →❷器（日）の形 ◆書 量 指 増 など ○ひ／ひへん　初出：1年生
	雨	雨	→空から降る水滴（雨）の形 ○あめ／あめかんむり ◆雲 雪 電 など 初出：1年生
		＋＋	→植物（艹）の形 ○くさかんむり／そうこう ◆花 草 落 荷 薬 苦 葉 　漢 茨 菜 芸 芽 英 墓 　夢 護 など　初出：1年生
		竹	→（竹）の形 ○たけ／たけかんむり ◆算 答 第 笛 等 箱 筆 　管 笑 節 築 簡 筋 策 　など　初出：1年生

「◆含む漢字」は，「部首ではないがその形を含んでいるもの」も例示しています。

部首や部分			→意味　○主な名称　◆含む漢字
		月	→天体（月）の形 ○つき／つきへん ◆朝　明　期　望　など 初出：1年生
		月	→肉（肉→月）の形 ○にく／にくづき ◆育　有　散　胃　骨　背　服 　肥　脈　胸　筋　臓　腸　脳 　肺　腹　など　初出：3年生
		木	→（木）の形 ○き／きへん ◆休　林　本　校　村　楽　新 　集　葉　薬　横　板　相　様 　柱　橋　など　初出：1年生
		禾	→穀物（禾）の形 ○のぎ／のぎへん ◆科　秋　秒　和　委　種　積 　利　季　香　梨　移　税　穀 　私　秘　など　初出：2年生
		言	→通説は「辛＋口」だが，本書で は「思ったこと（心）を（口） にする」とする ○ごんべん／いう／げん ◆記　語　など　初出：2年生
		氵	→水（氵）の形 ○さんずい ◆海　活　汽　池　泳　温　漢 　決　湖　潟　泣　漁　液　演 　河　沿　など　初出：2年生

「◆含む漢字」は，「部首ではないがその形を含んでいるもの」も例示しています。

第2章　楽しく取り組める！学年別漢字4コマ指導法　029

基本アイテム
1年生の漢字
2年生の漢字
3年生の漢字
4年生の漢字
5年生の漢字
6年生の漢字

部首や部分			→意味　○主な名称　◆含む漢字
		貝	→財貨（貝）の形 ○かい／かいへん／こがい ◆買 負 員 敗 側 貨 積 　賀 賞 資 貧 質 貸 費 　則 財　など　　初出：１年生
		頁	→人の頭部（頁）の形 ○おおがい ◆顔 頭 題 願 類 順 額 　領 頂 預　など 　　　　　　　　　初出：２年生
		食	→飲食（食）の様子や食事をする 　場所を表す ○しょくへん／たべる／しょく ◆飲 館 飯 飼 養　など 　　　　　　　　　初出：２年生
		艮	→止まって動かない，消えない 　あとを残す（艮）様子を表す ○こん／こんづくり／ねづくり ◆銀 根 節 眼 限 退 郷 　など　　　　　　初出：３年生
		刂	→刀が立つ（刂）形で，刃物に関 　する漢字に含まれる ○りっとう ◆列 利 副 別 刷 型 判 　制 刊　など　　初出：３年生
		斤	→斧（斤）の形 ○おの／おのづくり ◆新 近 所 折 兵 質 断 　など 　　　　　　　　　初出：２年生

「◆含む漢字」は，「部首ではないがその形を含んでいるもの」も例示しています。

部首や部分			→意味　○主な名称　◆含む漢字
			→武器（戈），からくりの形 ○ほこ／ほこづくり ◆戦　機　械　義　議　識　職 　織　域　我　裁　など <div style="text-align:right">初出：４年生</div>
			→矢に紐のついた武器（弋）の形 ○よく／しきがまえ／いぐるみ ◆式　代　試　武　貸　など <div style="text-align:right">初出：３年生</div>
			→（弓）の形 ○ゆみ／ゆみへん ◆弟　強　引　弱　第　張 　など <div style="text-align:right">初出：２年生</div>
			→本書では「向きを示す矢印 　（←）」を表す記号とする ○（名称なし）※部首ではない ◆先　年　気　毎　午　矢　族 　遊　旅　など　初出：１年生
			→「櫻→桜」「學→学」のように簡略化するために用いられたもので， 　様々なものを表す。本書では「３つ並んだもの」を表す記号とする ○（名称なし）形から「ツ」と呼ばれることが多い。※部首ではない ◆擧→挙　巣→巣　單→単　營→営　榮→栄　など <div style="text-align:right">初出：１年生</div>
			→「小」の変形。「尚」の上部につく。「光」「肖」などにも含まれる 　「ツ」と混同しやすいので，本書では光が放射され輝く様子とする ○しょう／なおがしら／しょうがしら ◆賞　常　堂　党　当（旧字体「當」）光　消　など <div style="text-align:right">初出：２年生</div>

「◆含む漢字」は，「部首ではないがその形を含んでいるもの」も例示しています。

基本アイテム

１年生の漢字

２年生の漢字

３年生の漢字

４年生の漢字

５年生の漢字

６年生の漢字

01 　1年生の漢字解説表

1年生の傾向と攻略ポイント

【1年生配当漢字(80字)】　　　　　　　　　　□＝本書で扱う漢字（28字）

一 右 雨 円 王 音 下 火 花 貝 学 気 九 休 玉 金 空 月 犬 見 五
口 校 左 三 山 子 四 糸 字 耳 七 車 手 十 出 女 小 上 森 人 水
正 生 青 夕 石 赤 千 川 先 早 草 足 村 大 男 竹 中 虫 町 天 田
土 二 日 入 年 白 八 百 文 木 本 名 目 立 力 林 六

初出の部首や部分(約70)【基本アイテム⑳】 イ 亻 儿 冖 艹 宀 土 口 寸 亼 ツ 日 月 木 文 止 竹 糸 貝 雨【その他】十 ナ メ 一 八 冂 人 力 九 丁 ヒ 女 子 大 小 山 夕 工 王 中 火 水 气 天 父 キ 石 生 白 目 田 立 耳 虫 車 足 金 など

> ※初出の部首や部分の数を「約」としているのは，漢字を部分に分ける際，例えば「交」を１つの部分とするか，「亠＋父」とするかの捉え方により，総数が異なるためです。

　数字や曜日，自然や生き物など，画数が少なく身近なものを表す象形文字が多く配当されています。その多くが，部首や部分として，２年生以降に学習する漢字に含まれます。イラストと漢字を組み合わせるゲームなどを通して，楽しませながら定着を図るとよいです。

　「虫・足」「年・五」を混同し，点画を左右反対に書いてしまう児童がいます。また，「山を縦に２つ重ねて，出を書く」など，教育筆順と異なるために間違った字形で覚えてしまう児童もいます。筆順指導は１年生が勝負です。画数の少ないうちに，「上から下へ」「左から右へ」「つらぬく画は最後」などの「筆順の原則」を空書きしながら体得させることが大切です。

漢字４コマ指導法				よくある 書き間違い
	甶	右	右	石
★★★　右手（又→ナ）＋器（口）。指を１画目で短く，腕を２画目で長く書くため，「左」とは字形と筆順が異なる。「指（ノ）→腕（一）→くち（口）」と唱えながら筆順を体得させるとよい。				石との混同で 突き出さない
★　　　１年生にとって「身近な円いもの」かつ「円の字形に近いもの」として「まる眼鏡」をイラスト化。「右側だけはねるのは，左のフレームがポキッと壊れたからだよ」と話すと，おもしろがられる。【旧字体は「圓」】				右をはねずに 左をはねる
		王	王	玉
★★　　天（一）と地（一）の間で両手を広げて立ち，国をまとめる人（十）→王の様子とする。【「支配，威力の象徴である，大きなまさかりの象形」「天と人と地を表す３本線を縦に束ねる存在が王」などの説がある】				玉との混同で 点が多い
	音	音	音	音
★　　　両手を広げて（立）っている人が，太鼓（日）を叩く→音を出す様子とする。【言（辛＋口）の口に横画を加える（口→日）ことで，口から出る音を表すとする説もある】				立を土と書く

基本アイテム

1年生の漢字

2年生の漢字

3年生の漢字

4年生の漢字

5年生の漢字

6年生の漢字

漢字４コマ指導法				よくある書き間違い
		学	学	学

★□□□　「ッ＝３つ並んだ吹き出し→思いや考え」とし，帽子（冖）をかぶった児童（子）＋考えが浮かぶ（ッ）→学ぶ様子とする。【旧字体は「學」。両手（臼）＋習う（爻）＋覆い（冖）＋（子）とする説もある】 ／ 点の打つ方向が異なる

| | | | | |

★★□□　音符（气）キ＋穀物（米→メ）。气＝大気の流れ。１画目の「ノ」を忘れないように「ノ＝矢印」とし，大気の流れる方向を強調するとよい。【旧字体は「氣」。（米）を炊くときの湯気（气）とする説もある】 ／ 一のノが足りない

| | | | | |

★★□□　鉱山（亼）の地下深く（土）で金（丷）を採掘する様子とする。「金」と「全（３年生）」は似ているが，４画目の筆順が異なるので注意。【「金属を型に流し込む様子」「山中に光り輝くもの」などの説がある】 ／ 玉との混同で点が足りない

| | | | | |

★□□□　「エ＝虹」とし，雲間（穴）から陽光が差し込み，虹（エ）ができた空の様子とする。「虹」という字にも「エ」が含まれている。【雲の切れ間（穴）＋（エ）。「エ＝工具」「エ＝突き通す」などの説がある】 ／ 宀を冖と書く

漢字４コマ指導法				よくある書き間違い
★★★ （目）＋人の足（儿）＝目を見開いている人を強調したもの。「兄」「先」「元」「光」も「儿」を加えて擬人化し，強調している。水木しげる氏の『ゲゲゲの鬼太郎』に登場する「鬼太郎のオヤジ」のような字。				目を日と書く
★ 木造（木）＋音符（交）コウ。（木）のとなりで，帽子をかぶり，足を交差してダンスを踊る人（交）→校庭で楽しく遊ぶ人の様子とする。【「交＝組み合わせた木」「交＝足を交差する人」などの説がある】				交を文と書く
			左	左
★★★ 左手（ナ）＋工具（エ）。指を１画目で短く，腕を２画目で長く書くため，「右」と筆順が異なる。黒板の左端に左，右端に右を掲示し，「指（一）→腕（ノ）→片仮名のエ（工）」と唱えて筆順を体得させるとよい。				石との混同で突き出さない
★★★ 口の中に歯が見える様子。「前歯の抜けた口でシシシと笑うから四（シ）」と覚えさせるとよい。4は本来，算木4本を並べた「亖」だったが，どちらも「シ」と発音することから，四で4を表すようになった。				皿のように書く

基本アイテム　1年生の漢字　2年生の漢字　3年生の漢字　4年生の漢字　5年生の漢字　6年生の漢字

漢字４コマ指導法				よくある書き間違い
★★ 耳の象形。１年生にとって点画の構成が難しい字。文化庁は５画目を右に突き出さない字形も許容としているが，５画目を「耳かき棒」とすることで，しっかりと右に突き出すことを意識させるとよい。				横画が１画足りない
★ 蛙が（出）てきて，びっくりして飛び上がる様子とする。「山＋山」と書く児童がいるので，「体（丨）→両手（凵）→両足（凵）」と唱えながら書かせるとよい。【足（屮）が窪み（凵）から出る形とする説もある】				山を２つ重ねて書いてしまう
★★★ 草木が地上に芽生える象形。１画目のノを書き忘れたり右側に書いたりする児童がいる。１画目が葉であることをイラストで印象づけることにより，書き忘れないように指導するとよい。				１画目が足りない
		赤	赤	赤
★★★ 人（大→土）＋（火）→火の光を浴びて赤らむ人の様子。４画目からの筆順が難しい。「小」「水」と同じ「内側から外側」の原則を体得させるとよい。【（大）＋（火）→盛んに燃える様子とする説もある】				小との混同で１画足りない

漢字4コマ指導法				よくある書き間違い
	先	先	先	先
★　「ノ＝矢印」とし，先（ノ）に進むよう案内する人（先）の様子とする。【足あと（止）＋人の足（儿）＝先に行く人を強調したもの。1年生には，足あと（止）から「先」の字形につなげるのは難しい】				1画目が足りない
		草	草	草
★★★　くさ（艹）＋音符（早）ソウ。早＝太陽（日）＋くさ（十）。「草花は，日が当たると元気に育つ」と説明するとよい。「十＝くさ」が2つ並び「艹」になったことも押さえる。【早＝さじの形とする説もある】				日を田と書く
				足
★　リレーでバトンパスを待っている人の姿とする。「走（2年生）」も同様に指導するとよい。【「ひざの関節から下の部分の象形」「ひざ（口）＋足あと（止）」などの説がある】				虫との混同で6，7画目が逆
		村	村	村
★　自然（木）＋手（寸）→のどかな村に案内する村人の様子とする。「寸」の「丶」を蛙とし，書き忘れる児童には「蛙は，どこ？」と声を掛けるとよい。【本字は（邑）＋（屯）→人が集まる集落とする説もある】				町との混同で寸を丁と書く

基本アイテム / 1年生の漢字 / 2年生の漢字 / 3年生の漢字 / 4年生の漢字 / 5年生の漢字 / 6年生の漢字

漢字４コマ指導法				よくある書き間違い
男	男	男	男	男

★★　耕地（田）＋（力）。「力＝ちからを込めた手の形」とする。「力＝農具の形」とする説もあるが，鋤（すき）という農具を知らない１年生もいる。「助・労・努・効・勤」などの「力」も全て「手の形」で統一する。

田の３画目を力とつなげて書く

虫	虫	虫	虫	虫

★★★　頭の大きい蛇の象形。「蛇＝コブラ」とする。今では虫に分類されない「蛇（へび）」「蛙（かえる）」「蛤（はまぐり）」「蛸（たこ）」なども「虫へん」。昆虫やクモなどは，「蟲」という別の字で表されていた。

足との混同で５，６画目が逆

町	町	町	町	町

★　耕地（田）＋音符（丁）チョウ。田んぼ（田）の脇に打ち込む看板（丁）→町の入り口の様子とする。【「丁＝釘の形」「丁＝丁字に打ち込む様子」「丁＝まっすぐのびるあぜ道」などの説がある】

村との混同で丁を寸と書く

天	天	天	天	夫

★★　天空（一）にいる人（大）→羽を広げた天使の姿とする。「天」は「奏・蚕（ともに６年生）」にも含まれる。【「人体（大）の最も高い位置にある頭頂部（一）」とする説もある】

３画目を突き出し，夫と書く

漢字4コマ指導法				よくある書き間違い
	年	年	年	年

★　「ヰ＝足の形」なので，矢印（ノ）＋足（ヰ）→年月が過ぎる様子とする。「ヰ」は「衛・降」にも含まれる。【異体字は「秊」。「穀物（禾）＋豊穣を願い踊る人（千）」「実った穀物を背負う人」などの説がある】

五との混同で4画目を右に書く

		白	白	白

★　1年生が白をイメージしやすいように，ストロー（ノ）＋牛乳パック（日）→白い牛乳を飲む様子とする。【「白骨化した頭蓋骨」「実の白いどんぐり」「光が白く輝く様子」などの説がある】

1画目の方向が異なる

		文	文	又

★★★　和服の胸元の重ね合わせ，襟の象形。「校」「交」「父」の習得にもつながる「左はらいから右はらい」という筆順の原則をしっかりと体得させることが大切である。【胸に入れ墨を施した人の象形とする説もある】

1画目の点が足りない

		立	立	土

★★★　大きく横に手を広げた人（大）＋大地（一）＝地面に立つ人の象形。教科書によって，「1，2画目（一）と3，4画目を接するか否か」が異なる。1年生が混乱しないように，指導前に教科書を確認するとよい。

似ている土との混同

基本アイテム

1年生の漢字

2年生の漢字

3年生の漢字

4年生の漢字

5年生の漢字

6年生の漢字

02　2年生の漢字解説表

2年生の傾向と攻略ポイント

【2年生配当漢字(160字)】　　　　　　　　□＝本書で扱う漢字（52字）

引 羽 雲 園 遠 何 科 夏 家 歌 画 回 会 海 絵 外 角 楽 活 間 丸
岩 顔 汽 記 帰 弓 牛 魚 京 強 教 近 兄 形 計 元 言 原 戸 古 午
後 語 工 公 広 交 光 考 行 高 黄 合 谷 国 黒 今 才 細 作 算 止
市 矢 姉 思 紙 寺 自 時 室 社 弱 首 秋 週 春 書 少 場 色 食 心
新 親 図 数 西 声 星 晴 切 雪 船 線 前 組 走 多 太 体 台 地 池
知 茶 昼 長 鳥 朝 直 通 弟 店 点 電 刀 冬 当 東 答 頭 同 道 読
内 南 肉 馬 売 買 麦 半 番 父 風 分 聞 米 歩 母 方 北 毎 妹 万
明 鳴 毛 門 夜 野 友 用 曜 来 里 理 話

初出の部首や部分(約100)【基本アイテム㉖】ム又厂广尸夂彡彳弓幺巾辶ヨ
攵欠ネ方斤牛禾用言隹頁食⺌【その他】刀マク万八冫口亠万己彡士也才云
斗氏耂巛开心少巴毋予由且乍矢夫半罒未可行羽自至聿舟米釆豆豕角里長来門
周易馬袁魚鳥など

　初出の部首や部分が6年間で最も多く，その後の漢字習得を左右する大事
な学年です。ところが，2年生で早くも漢字嫌いになる児童がいます。テス
ト中心の学習ではなく，ゲームなどで漢字学習を楽しむ体験をたくさん積ま
せるとよいです。また，「国語」「算数」「教室」「図書室」などの学校生活に
必要な漢字や，「遠い・近い」などの対になる語を表す漢字が多く配当され
ています。教室環境を工夫し，日常的に慣れ親しませるとよいです。

漢字４コマ指導法				よくある 書き間違い

★★　　　（雨）＋音符（云）ウン。云＝雲の下から見えている龍のしっぽとする。そこから「伝（４年生）＝人（イ）＋伝説の龍のしっぽ（云）」につなげる。【云＝雲が巻く形とする説もある】

雲の点が足りない

★　　　囲った土地（囗）＋音符（袁）エン。袁＝手を広げた人（大→土）＋弁当箱（口）＋服（衣）→公園や保育園に行く園児の様子とする。【袁＝懐に物（口）を入れたゆったり（土）した（衣）とする説もある】

袁の点が１画足りない

★　　　道を行く（辶）＋音符（袁）エン。低学年の児童にとって身近な「遠」といえば遠足。「袁＝手を広げた人（大）＋弁当箱（口）＋園の服（衣）」→園児が遠足に行く様子とする。

袁の点が１画足りない

★　　　ボーダー柄の半袖シャツを着た人＋裸足（夂）→夏の様子とする。人の頭部を表す「頁」の「ハ→夂」になった字と指導するとよい。【人（頁）＋面（臼）＋足（夂）→夏祭りで舞う人の象形とする説もある】

横画が１画足りない

基本アイテム

１年生の漢字

２年生の漢字

３年生の漢字

４年生の漢字

５年生の漢字

６年生の漢字

漢字4コマ指導法				よくある 書き間違い
★★　音符（可）カ＋口を大きく開ける人（欠）。音符と吹き出し（可）＋口を開けている人（欠）→歌っている人の様子とする。【可可＝大きく口を開けて歌う様子とする説もある】				欠を攵と書く
★★　手で持った筆（丁）で（田）を画用紙（凵）に描く様子とする。「丁→日」の順で書く児童が多い。「一→由」の筆順を体得させることが大切。【旧字体は「畫」。筆（聿）＋耕地の区画（田）とする説もある】				由を田と書く
★★　崖（厂）に（立）って輝いている（彡）人の頭部（頁）→イケメンの顔の様子とする。「頁」は、「顔・頭・頬・顎」などの頭部に関する漢字に含まれる。【旧字体は「顏」。美しい男子（彦）＋人の頭部（頁）】				頁の横画が1画足りない
★★★　水（氵）＋音符（气）キ。「気」は穀物（米→メ）の上を吹く大気の流れだが、「汽」は、水が気体に変わる様子なので「メ（穀物）」がない。「気」と並べて意味を確認し「メ」を書かないように強調するとよい。				気との混同でメを書く

漢字4コマ指導法				よくある 書き間違い
			帰	帰
★　　　学校から帰る前に箒（帚）で掃く（リ）様子とする。掃除なので「リ」は「リ」（りっとう）＝刃物」とは関係がないことを押さえる。【旧字体は「歸」。「（𠂤）＋（止）＋（婦）→嫁ぐ様子」とする説もある】				リをリ（りっとう）と書く
		強	強	強
★★　　　最強のコブラ（虫）を倒すために（弓）を引く手（ム）→強い様子とする。「弓」を一筆書きする児童もいるので，筆順を徹底するとよい。【旧字体は「彊」。（虫）＋（彊）→米びつの中にいる虫とする説もある】				ムをマと書く
		教	教	教
★★　　　先生（大→土）＋指し棒（ノ）＋（子）＋叩く人（攵）→かつては厳しく教育が行われていた様子とする。【旧字体は「敎」。（孝）＋叩く人（攵）→強制して習わせる様子とする説もある】				攵ではなく欠と書く
		近	近	近
★★　　　道を行く（辶）＋音符（斤）キン。近道（辶）を作るため，斧（斤）で木を切り倒す様子とする。「斤」は，「新・折・所・断・質」など，切り倒すことに関係のある漢字に含まれる。				斤を厂十と書く

基本アイテム

1年生の漢字

2年生の漢字

3年生の漢字

4年生の漢字

5年生の漢字

6年生の漢字

漢字４コマ指導法				よくある 書き間違い
		形	形	形

★★ 「开＝両手で物を持つ様子」なので，両手で磨き上げて（开）美しく輝く（彡）様子とする。そこから「研（３年生）＝石を両手で磨き上げる様子」につなげるとよい。【型（开）＋模様（彡）とする説もある】

彡の方向が異なる

| | | | 原 | 原 |

★★★ 崖（厂）の下に泉（白＋小）が湧き出す様子＝水源。原本・原因などの「もと」を意味する。「野原」や「草原」に「原」が使われるようになったため，水源を表す場合は，「氵」を付けて「源」とされた。

厂を广と書く，
白を日と書く

| | | | | 後 |

★★★ 十字路（彳）で足（夂）に糸（幺）がからまって進めなくなり，後ろから遅れて行く様子とする。【足（夂）をつながれて（幺）進めない様子とする説もある】

夂を又や夊と書く

| | | 公 | 公 | 公 |

★★★ 抱え込む（ム）＋分け合う（八）様子。「公園」「公共」など，「公＝みんなで分けあう」意味を表す。「私」は，穀物（禾）を一人で抱え込む（ム）様子。【わたし（ム）＋そむく（八）とする説もある】

今との混同で
八をへと書く

漢字4コマ指導法				よくある書き間違い
	広	広	広	広

★　「ム＝ものを抱え込む手」なので，ものをたくさん抱え込める（ム）ほどの大きな空間（广）→広い場所の様子とする。【旧字体は「廣」。大きい屋根（广）＋音符（黄）コウ】

广を厂と書く

| | | 光 | 光 | 光 |

★★★　（火）＋人の足（儿）。「見・兄・先・元」と同様に「儿」を付けて頭上に輝く火の光を擬人化し，強調している。毛筆書写の題材となることの多い「光」は，1つの字で様々な点画の方向を練習することができる。

学との混同で，ツと書く

| | | 考 | 考 | 考 |

★★　（耂）＋音符（丂）コウ。お年寄り（大→土）＋杖（ノ）＋思い浮かぶ（丂）→お年寄りの経験をもとにしたよい考えが浮かぶ様子。5画目の方向に注意するよう指導する。【丂＝気が立ち上る様子とする説もある】

丂の1画が足りない

| | | 黄 | 黄 | 黄 |

★　ミキサー（廿）＋搾り出した黄色いジュース（由）＋飛び散る果汁（ハ）とすることで，「黄」色のイメージにつなげる。【旧字体は「黃」。「火のついた矢」「腰につけた飾り玉の象形」などの説がある】

由を田と書く

漢字４コマ指導法				よくある書き間違い
★★★　山（ハ）の分かれ目（ハ）にある岩場（口）→谷底の様子。【「くぼみから水が流れ出る象形」「左右に迫るたにの象形（ハ八）＋渓谷の入りぐち（口）」などの説がある】				合との混同でハ＋合と書く
★　人（イ）＋音符（乍）サク。作業員（イ）が町の案内看板（乍）を設置する→物を作る様子とする。【「乍＝刃物で切り，割れ目（卜）を作る様子」「乍＝木の小枝を刃物で取り除く形」などの説がある】				乍の１画目のノが足りない
			算	
★★★　竹製（竹）の算木（目）を両手（廾）で並べて数える→計算をしている様子。【「数取りの棒（竹）＋そろえる（具）」「（竹）＋財貨（目）＋両手（廾）」などの説がある】				廾を艹にしている
★　田んぼ（田）の脇で物思い（心）にふける様子とする。「心」の１画目の向きが教科書によって異なる。使用する教科書の教科書体を確認するとよい。【小児の脳の象形（囟→田）＋心臓（心）とする説もある】				心の点が１つ足りない

漢字4コマ指導法				よくある書き間違い
★★ （糸）＋音符（氏）シ。紙は，材料の繊維（糸）を細かく刃物（氏）で砕き，すいて作ることを説明するとよい。「氏」は画数が少ないが，整えにくい字形なので，点画の方向を丁寧に指導するとよい。				氏を斤と書く
★ 芽生えた植物（土）を建物（宀）に抱え込む（一ム）→観葉植物のある部屋の様子とする。【「屋根（宀）＋矢が地面に突き刺さった形（至）→行き止まりの奥の部屋」「人が至りとどまる部屋」などの説がある】				至の1画目が足りない
★★★ 飾り（彡）のある儀礼用の（弓）を2つ並べた様子→戦闘用の弓よりも威力が弱い様子を表す。【「弦のたわんだ弓の象形」「か弱い2羽の雛が口を開けている様子」などの説がある】				ンをノと書く
★ 「首が長い」という特徴をもつキリンの姿とする。「首」の「丷」の部分が，ちょうどキリンの角と耳のように見える。【「頭髪（丷ノ）と（目）の象形」「頭髪（丷）と鼻（自）の形」などの説がある】				自を白と書く

基本アイテム

1年生の漢字

2年生の漢字

3年生の漢字

4年生の漢字

5年生の漢字

6年生の漢字

漢字４コマ指導法				よくある書き間違い
	書	書	書	書
★ 「日＝墨の入った器」とし，手で持った筆（聿）を墨の器（日）につけ，文字を書こうとする様子とする。【筆（聿）＋器の上で燃やす（者）」「筆（聿）＋守り札を入れた器（者）」などの説がある】				横画が１画足りない
	色	色	色	色
★ 具合が悪くてうずくまる人（巴）＋心配して顔をのぞき込む人（ク）→顔色を確かめる様子とする。				通との混同でクをマと書く
	新	新	新	新
★★ 新しい苗木を植えるために古い（木）のそばに（立）ち，斧（斤）で切る様子とする。【矢（辛）の刺さった（木）を斧（斤）で切る」とする説もある。朝日新聞の題字の新は，今でも旧字体の「辛＋木＋斤」である】				立を土と書く
	親	親	親	親
★ （木）を切ろうとする我が子（立）の様子を見守る（見）人→親の様子とする。【「刃物（辛）＋（木）＋（見）慣れた人＝親」「矢（辛）の刺さった（木）で親の位牌を作って拝む（見）様子」などの説がある】				立を土と書く

漢字4コマ指導法				よくある 書き間違い
		数	数	欵

★　女性（女）が穀物（米）を，机や手を叩きながら（攵）かぞえる様子とする。【旧字体は「數」。途切れず続ける（婁）＋叩く（攵）とする説もある。諸説には児童に話すにはふさわしくないものもある】

攵を欠と書く

	声	声	声

★　「士＝出」とし，大きな声を出す（出→士）ための拡声器の形とする。【旧字体は「聲」。省略され「声」だけが残った。声＝つるした石を叩いて音を出す楽器だが，現在は該当する楽器が見当たらず，馴染みがない】

士＋尸と書く

		船	船	船

★★★　ふねの象形（舟）＋谷間を流れる水の流れ（谷）。「船」を2年生，「舟」は遅れて中学校・高校で学習する。大型のものを「船」，小型で簡単な造りのものを「舟」と使い分けることを指導するとよい。

ハをヘと書く

		台	台	台

★　「ム＝抱え込む手の形」なので，机やテーブル（口）の上で腕相撲（ム）をする様子とする。【旧字体は「臺」→四方を見渡せる高い建物とする説もある】

ムの点が足りない

漢字４コマ指導法				よくある書き間違い
	茶	茶	茶	茶

★★　　　植物（艹）＋笠（へ）をかぶり，茶葉を摘み取る（ホ）様子とする。「木」と書かないように「枝（十）＋葉（ハ）」を強調するとよい。【植物（艹）＋（余の変化したもの）とする説もある】	ホを木と書く

★　　　カーテン（尺）を開けると日が高く昇っていた（旦）→昼の様子とする。両開きのカーテンとすることで，右払い（乀）を忘れないように印象づける。【旧字体は「晝」。太陽の出没時を区分する様子とする説もある】	尺を尸と書く

★★★　　　道（辶）＋（甬）。甬＝抱え込む手（マ）＋かご（用）。手桶（甬）を持ち，水を汲みに道を行く（辶）→繰り返し通う様子。「甬＝筒→突き抜ける様子」とする説もある】	マをクと書く

		弟	弟	弟

★　　　諸説からは「おとうと」をイメージしにくい。「弓」を含む形から，お下がりの弓を兄からもらう人＝弟とする。【矛になめし皮を順序よく巻き付ける象形→出生順序の遅い方→弟とする説もある】	ノが１画足りない

漢字４コマ指導法				よくある 書き間違い
★　　　墨汁の容器（占）＋床に落ちた墨（灬）→点々と墨が付いている様子とする。【旧字体は「點」。「小さくて黒（黑）い星印（占）」「汚れ（黑）＋亀甲（口）を焼いた亀裂（卜）」などの説がある】				占を古と書く
★★★　　（雨）＋（电）。电＝稲光（田）＋地上への放電（し）の様子。「田」と「し」を分けて書く児童がいる。筆順の原則「つらぬく画は最後」を押さえ，「日→し」の順で書くように指導するとよい。				田＋しと書く
★★★　　足（夂）＋氷（冫→冫）→氷を踏みしめる様子。「冫」は「冷」「凍」などの「冷たいもの」を表す。点の向きを逆に書く児童には，「凍って３画目がなくなった冫だと思って書くといいよ」と指導するとよい。				彡との混同で，点の向きが逆
★　　　「ヨ＝手の象形」なので，当たり棒（丨）を握りしめている（ヨ）様子とする。２，３画目は輝いている様子。【旧字体は「當」。「二つの（田）の価値が釣り合う（尚）」「（田）の実りを願う（尚）」などの説がある】				１～３画目を ツと書く

基本アイテム

１年生の漢字

２年生の漢字

３年生の漢字

４年生の漢字

５年生の漢字

６年生の漢字

漢字4コマ指導法				よくある書き間違い
				道

★ 　　　キリン（首）が道を歩いて行く（辶）様子とする。【「先導する人の様子→導の原字」「邪気をはらいながら進む様子」などの説がある。残酷で児童に話すにはふさわしくない説もある】

首の自を白と書く

★ 　　　伝説の埋蔵金（¥）が埋まっている場所（十冂）→南の方角の様子とする。【「南と呼ばれる釣り鐘式の楽器の形」「南方の民族の楽器の形」などの説があるが，どれも字形をイメージしにくい】

半との混同で縦画をつらぬく

		売	売	売

★★ 　　　きれいに包んで（冖），売り出す（出→士）人（儿）の様子とする。【旧字体は「賣」→（出）＋音符（買）バイ。「買＝商い」を表したが「かう」だけの意味となったため，「出」を付けて「うる」意味を加えた】

冖を宀と書く

★★★ 　　　足（夂）で麦の苗（來→丰）を踏みつけて根を丈夫にするための麦踏みの様子。【旧字体は，「麥」。「むぎ（來）の象形＋足（夂）」「地中深く根を張る（夂）むぎ（來）の象形」などの説がある】

夂を又と書く

漢字4コマ指導法				よくある書き間違い
			風	風

★★　風（几）に飛ばされまいと必死に木の枝（一）にしがみつく蛇（虫）の様子とする。【「大気の流れを視覚化したもの（几）＋（虫）」「風の神（鳳）の鳥が虫に変化した字」「（凡）＋（虫）」などの説がある】

| | | | | 虫の上にある1画が足りない |

| | 女 | 毎 | 毎 | 毎 |

★　「⺧＝矢印」とし，母（母）が毎日行く（⺧）様子とする。「女」と「母」は，字形と筆順がとてもよく似ていることを押さえると形と筆順を習得させやすい。【髪飾り（⺧）をつける母（母）の象形とする説もある】

| | | | | 母を田と書く |

| | 夜 | 夜 | 夜 | 夜 |

★　月（夕）が山（乀）から昇る頃，屋根（亠）の下で人（イ）が休む様子とする。【「人（大）＋月（夕）→月が昇り，人が休む時間帯」「月（夕）＋脇の下（亦）→月が低く落ちた夜の様子」などの説がある】

| | | | | 夕乀をク乀と書く |

| | | | 曜 | 曜 |

★★★　太陽（日）の光に照らされて，鳥（隹）の羽根（ヨヨ）が輝いている様子。日曜日は「日が輝く日」，月曜日は「月が輝く日」，火曜日は「火が輝く日」という意味であることを指導するとよい。

| | | | | 隹の1，3画目を書かない |

基本アイテム

1年生の漢字

2年生の漢字

3年生の漢字

4年生の漢字

5年生の漢字

6年生の漢字

03 3年生の漢字解説表

3年生の傾向と攻略ポイント

【3年生配当漢字（200字）】　　　　　　□＝本書で扱う漢字（76字）

悪 安 暗 医 委 意 育 員 院 飲 運 泳 駅 央 横 屋 温 化 荷 界 開
階 寒 感 漢 館 岸 起 期 客 究 急 級 宮 球 去 橋 業 曲 局 銀 区
苦 具 君 係 軽 血 決 研 県 庫 湖 向 幸 港 号 根 察 皿 仕 死 使
始 指 歯 詩 次 事 持 式 実 写 者 主 守 取 酒 受 州 拾 終 習 集
住 重 宿 所 暑 助 昭 消 商 章 勝 乗 植 申 身 神 真 深 進 世 整
昔 全 相 送 想 息 速 族 他 打 対 待 代 第 題 炭 短 談 着 注 柱
丁 帳 調 追 定 庭 笛 鉄 転 都 度 投 豆 島 湯 登 等 動 童 農 波
配 倍 箱 畑 発 反 坂 板 皮 悲 美 鼻 筆 氷 表 秒 病 品 負 部 服
福 物 平 返 勉 放 味 命 面 問 役 薬 由 油 有 遊 予 羊 洋 葉 陽
様 落 流 旅 両 緑 礼 列 練 路 和

初出の部首や部分（約60）【基本アイテム⑮】月 冂 勹 阝 扌 辶 弋 罒 殳 疒 艮 衣 羊 阝
刂 【その他】匸 与 干 反 歹 及 尹 央 勿 壬 尺 介 夭 阝 皮 皿 癶 示 主 世 目 永 央 失 自 关 曲 束
呂 求 酉 亜 辰 其 非 免 冨 重 など

　「氵（16字）」「木（14字）」など，同じ部首や部分をもつ漢字が多く配当されています。部首と部分を組み合わせるゲームや部首や部分ごとに漢字をコレクションする活動を通して，楽しませながら定着を図るとよいです。また，「医院」「委員」「研究」のように配当漢字どうしで熟語に組み合わせられるものがたくさんあります。できるだけ組み合わせて指導するとよいです。

漢字4コマ指導法				よくある書き間違い
★　「王」を図太くした字を「亜」とする。「王＝天と地をつかさどる人」に対し，邪な考えで天と地を支配しようとする人（亜）＋（心）とする。【旧字体は「惡」。墓石の象形（亞→亜）＋（心）とする説もある】				亜の縦画が1画足りない
★　建物（匚）＋注射器（一）＋医師（大）→注射を打つ医者のいる医院の様子とする。【旧字体は「醫」→薬酒を使う医者。「医」だけが残った。「（矢）を隠す（匚）」とする説もある】				匚を口と書く
				育
★　帽子（亠）をかぶり我が子を抱えて（厶）育てる（月）様子とする。「月＝にくづき」は，肉体に関する漢字に含まれ，3年生からたくさん学習することを押さえる。【云＝逆さに生まれ落ちる子とする説もある】				云を一＋厶とつなげて書く
			院	院
★★★　石垣（阝）に囲まれた，位の高い人（元）のいる建物（宀）とする。3年生に馴染みのある用法は「病院・通院・入院」ぐらいなので，元＝医師としてもよい。【土塀（阝）＋めぐらす（完）とする説もある】				宀を冖と書く

漢字４コマ指導法				よくある書き間違い
		飲	飲	飲
★　　　屋根の下で飲み物を口にしようとしている人（食）＋口を開けている人（欠）→飲む様子とする。【旧字体は「飲」。さらに古い字は「蓋をかぶせた酒つぼ（今酉）＋口を開けている人（欠）」とする説もある】				欠を攵と書く
★★　　道を行く（辶）＋（軍）。「冖＝覆うもの」なので，荷物を覆う布や幌（冖）のついた（車）にのせて行く（辶）→荷物を運ぶ様子とする。【「冖＝勹→丸く取り巻く様子」「冖＝軍の旗」などの説がある】				冖を宀と書く
			駅	
★　　　「尺＝宿（尸）に馬をつなぐ（丶）様子」とし，（馬）を休ませるためにつないだ（尺）場所＝昔の駅の様子とする。【旧字体は「驛」。旅の途中で，馬を休ませたり，乗り換えたりするための宿場】				馬の横画が１画足りない
	央	央	央	央
★　　　部屋の真ん中で，枕（冖）をして（大）の字で寝る人＝中央の様子とする。【「首かせ（冖）をはめられ，前しか見ることのできない人（大）」「人（大）＋体の中心を押さえつける（冖）様子」などの説がある】				３画目を突き出さない

漢字４コマ指導法				よくある 書き間違い
★★　　植物（艹）＋音符（何）カ。草むら（艹）＋人（イ）＋お弁当箱の入っているリュックサック（可）→荷物を背負ってピクニックに出掛ける人の様子とする。【何＝荷物を背負う様子とする説もある】				丁を１画で書く
		開	開	開
★★★　　かんぬきと呼ばれる横木をはめて閉じられた門（門）＋両手（廾）→両手で扉（門）の横木を外して（开）開く様子。「开＝両手で作業をする様子」は「形・型・刑」にも含まれる。				开を廾と書き，１画足りない
		階	階	階
★　　階段（阝）＋音符（皆）カイ。給食当番が並んで（比），牛乳（白）を階段（阝）で運ぶ様子とする。【皆＝並ぶ人（比）＋動作を表す記号（白）とする説もある】				指との混同で白を日と書く
			寒	寒
★★★　　屋根（宀）＋積み上げた草（艹艹一）＋氷（ン→冫）→家の中に草を敷き詰めて寒さをしのぐ様子。「ン→冫」の向きを逆に書く児童には，「冫は氵の１，２画目。凍ったから氵の３画目は消えたよ」と指導するとよい。				横画が１画足りない

基本アイテム

１年生の漢字

２年生の漢字

３年生の漢字

４年生の漢字

５年生の漢字

６年生の漢字

漢字４コマ指導法				よくある書き間違い
		漢	漢	漢

★	草むら（艹）から双眼鏡（日が横になった形）を手に，水辺（氵）を見ている男（夫）の様子とする。「漢→おとこ」という意味もある。昔の中国（漢）から来た文字＝漢字。【（氵）＋（難）の簡略とする説もある】	夫を大と書く

	月	期	期	期

★★★	音符（其）キ＋（月）。台の上に一つずつ積み上げる（其）＋年月（月）→積み上げた月日がひとめぐりする様子。【其＝穀物をすくう道具とする説もある】	其の横画が１画足りない

	穴	究	究	究

★★★	伝説の龍（九）が洞穴（穴）から出てくる→究極の場面とする。【「洞穴（穴）＋（九）」「九＝龍の象形」「九＝行き止まりの様子」「九＝曲がりくねる様子」などの説がある】	穴を宀と書く

			急	急

★★★	横向きの人（ク）＋手（ヨ）＋（心）→前の人に追いつこうと急ぐ様子。混同しやすい「ク」と「マ」については，「ク＝横を向く人」「マ＝抱え込む手の形（ムも同様）」を繰り返し指導するとよい。	クをマと書く

058

漢字4コマ指導法	よくある書き間違い

★★★ （糸）＋音符（及）キュウ。一段ずつ布が織り上がる様子。「及」の筆順は「ノ→乃→及」。「ノ」を2画目に書く児童もいるので要注意。【及＝前の人（乃）に追いつき手（又）が届く様子とする説もある】	及の字形が異なる
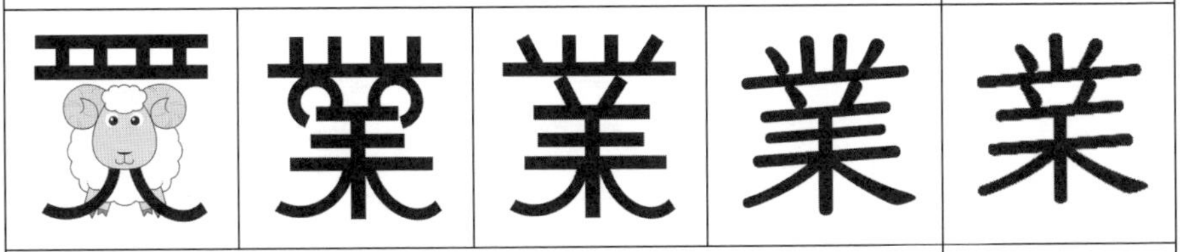	
★ 柵に紐でつながれている羊→牧場の生業の様子とする。「業」には「羊」が隠れていることに注目させ，点画の過不足を防ぐとよい。【「鐘や太鼓を吊す柱や台の形」「土を打ち固める道具の形」などの説がある】	縦画や横画が足りない

★ 3年生の身近な「局」といえば「郵便局」や「薬局」。建物の受付に手紙（口）を出す→郵便局の様子とする。【「手足を曲げて葬られる人＋箱（口）」「椅子に腰掛ける人＋囲われた場所（口）」などの説がある】	尸＋冂＋口と書く

★★★ 手にした棒（尹）で器（口）を叩いて合図を送り，集団を率いる人→君主，統率者の様子とする。【「棒を持つ手（尹）＋号令や命令（口）」「杖を持つ手（尹）＋祈りの言葉を入れる器（口）」などの説がある】	尹の横画を突き出さない

漢字４コマ指導法				よくある書き間違い
★□□□　（車）＋手（又）＋芽を出した苗（土）→軽いものを車にのせて運ぶ様子とする。【旧字体は「輕＝（車）＋音符（巠）ケイ」。「巠＝はた織り機に縦糸を張った形」「輕＝まっすぐ突き進む車→戦車」などの説がある】				又を女と書く
★★★　水（氵）＋音符（夬）ケツ。夬＝刃物で断ち切る，えぐりとる意味を表す。洪水の際にわざと堤防を切って水を逃がし，被害を少なくする様子。【川が堤防をえぐりとり，決壊する様子とする説もある】				夬を央と書く
★★★　宝石の原石（石）を両手で磨き上げる（开）様子。磨き上げ（开）て光り輝く（彡）様子が「形」。【旧字体は「研」。（石）＋音符（幵）ケン。「幵＝そろえる」「幵＝けずり磨く様子」などの説がある】				开を井と書く
★★★　建物（广）＋（車）。車をしまうための建物。「广」と「厂」を混同する児童には，「广＝建物（庫・広・店・庭・度）」「厂＝崖（原・炭）」のように，既習漢字を分類して再確認するとよい。【兵車の倉とする説もある】				广を厂と書く

漢字４コマ指導法				よくある書き間違い
				港
★★　　水（氵）＋音符（巷）コウ。水辺（氵）の荷物（廿）を両手（廾）で船に積み込む人（己）→港の様子とする。【「巷＝物（廿）＋両手（廾）＋起き上がる人（己）」「巷＝河口の船着き場の様子」などの説がある】				寒との混同で１画多い
				祭
★★★　　肉（月）＋手（又）＋神に捧げるための台（示）→祝祭の様子。「示」と「ネ」を含む漢字は，神事・祭事に関する意味をもつ。「社・神・福・礼」をまとめて確認するとよい。				月を夕と書く
			使	便
★★　　人（イ）＋（吏）。吏＝文鎮（一）＋紙（口）＋筆記用具を持つ手（又）→使う様子とする。【「吏＝まとめる（一）＋筆記用具を持つ（史）」「吏＝木に器を付けて持つ使者」「吏＝事の省略形」などの説がある】				便との混同で突き出さない
			指	指
★★★　　手（扌）＋音符（旨）シ。さじ（ヒ）を手（扌）にして器（日）からすくう→指づかいの様子。【「旨＝うまいものを指さす様子」「旨＝まっすぐのびる様子」などの説がある】				階との混同で日を白と書く

基本アイテム

1年生の漢字

2年生の漢字

3年生の漢字

4年生の漢字

5年生の漢字

6年生の漢字

漢字４コマ指導法				よくある書き間違い
★★　音符（二→冫）ジ＋口を開ける人（欠）。「次（冫）の人どうぞ」と口を開けて呼ぶ人（欠）の様子とする。【「ため息（冫）をつく人（欠）」「あくび（欠）をしてから次（二→冫）に取り掛かる様子」などの説がある】				欠を攵と書く
★　　　プラカード（一口）を持つ手（尹）の様子→大事な表示とする。【「筆記用具（一口）を手に持つ（尹）」「吹き流し（一）と器（口）を付けた棒を持つ手（尹）」「占いの棒（一口）を持つ手（尹）」などの説がある】				6画目を突き出さない
★　　　（耳）＋手（又）。耳かきで（耳）の垢を手（又）で取る様子とする。【「手（又）で動物の（耳）をつかんで捕まえる様子」や，児童に話すにはふさわしくない「昔の戦での風習」の説などがある】				助との混同で耳を且と書く
★★★　水（氵）＋酒の器（酉）。中の酒を示す横画（一）を書き忘れる児童には，「空っぽ？」と声を掛けるとよい。「配（3年生）」は，酒の入った器（酉）＋ひざまずく人（己）で，酒をついで回る様子を表す。				酉の横画が1画足りない

漢字４コマ指導法				よくある書き間違い
★★ 「冖＝覆うもの」なので，手（爫）と手（又）でふた（冖）を受け渡す様子とする。「受ける」と区別するために，のちに手（扌）が加えられて「授ける」という字ができた。【「冖＝舟」「冖＝器」などの説がある】				又を夊と書く
★ （白）い（羽）のひな鳥が親鳥から教わる様子とする。【「同じ物が並ぶ（羽）＋繰り返す動作（白）」「陽光（白）に向かって羽ばたくひな鳥（羽）」「鳥の（羽）で器（白）を何度もこする」などの説がある】				白を日と書く
★ 手を広げた人（千）が体重計（里）で重さを量る様子とする。【「袋入りの米や麦を地面に高く積み重ねた象形」「人（ク）＋土嚢袋（東）＋（土）」「物を詰めた袋（東）＋おもり（土）」などの説がある】				横画が１画足りない
★★★ 武士が扉（戸）の前で斧（斤）を手に守っている様子→大事な場所の様子とする。【「囲い込む（戸）＋道具（斤）」「（斤）＋音符（戸）→木を切る音を表す」などの説がある】				斤を厂十と書く

基本アイテム

１年生の漢字

２年生の漢字

3年生の漢字

４年生の漢字

５年生の漢字

６年生の漢字

漢字４コマ指導法				よくある書き間違い
★　屋根（亠）＋入り口（冂）＋のれん（儿）＋台（口）→商売をする店の様子とする。【「明るい高台の住居」「台の上に針を立てて賞罰を占う形」「印（章→立）＋内緒で話す（内口）」などの説がある】				南との混同で十と書く
★★　肉体（月）＋（力）＋両手で旗を振り上げる（龹）→勝利に歓喜する様子とする。【「舟（月）＋両手で持ち上げる（龹）＋（力）」「器（月）＋両手（龹）＋農具（力）」「（朕）＋（力）→耐える様子」などの説がある】				力を刀と書く
★★　土俵に乗っている相撲取りの様子とする。「①大銀杏，②両手，③まわし，④体，⑤体，⑥土俵，⑦縦，⑧花道，⑨花道」と唱えながら書かせるとよい。【旧字体は「乘」。木の上に乗る人とする説もある】				重との混同で形が異なる
★　「直」の「十＝まっすぐ」と同様に，まっすぐ（十）＋見る（目）＋両手（廾）→偽らない様子とする。【旧字体は「眞」。「さじ（匕）＋食器（鼎）」「死者（匕）＋逆さまの首（県）」「逆さにした頭」などの説がある】				十を一と書く

漢字４コマ指導法				よくある書き間違い
	進	進	進	進

★★★　道を行く（辶）＋尾の短い鳥または小鳥（隹）。鳥は前方にしか飛べないことから，前へ前へと行く様子を表す。「隹」は，「曜・集・準・確・護・推」に含まれる。字形と筆順を確実に習得させることが大切である。

１画目と３画目の書き方が異なる

	整	整	整	整

★★★　（束）＋叩く人（攵）＋（正）。ばらばらの薪（束）を叩いて（攵），（正）しく整える様子。「束」を「東」と書く児童もいる。「東だと木にひもを巻きすぎだよね」と声を掛けるとよい。

攵を又と書く

			送	送

★　道を行く（辶）＋かぶとをかぶった武者（关）→敵から守りながら，大事なものを送り届けに行く様子とする。【「关＝物を持ち上げる様子」「关＝杵を両手で持つ形」などの説がある】

半との混同で突き出す

		族	族	族

★　「方＝向き・手本」とし，リーダー（方）の行く方向（𠂉）と同じ方向（𠂉）に進む人（大）→家族や一族の様子とする。【旗（方）＋吹き流しをつけた竿（𠂉）＋（矢）＝同志の集まりとする説もある】

𠂉を書かない

基本アイテム

１年生の漢字

２年生の漢字

３年生の漢字

４年生の漢字

５年生の漢字

６年生の漢字

漢字４コマ指導法				よくある 書き間違い
			題	題
★★　太陽の方角に向かって歩く（是）＋人（頁）→目印，始まりの様子とする。【「（是）＋頭部（頁）→ひたい・かしら。転じて目印」「是＝さじの形」「是＝明るい方へ正しく進み，隠さない様子」などの説がある】				足との混同で １画足りない
			着	
★　（羊）がゴールテープ（ノ）を切る瞬間を判定する（目）→たどり着く瞬間とする。【「著→着」と変化した字。「著＝ぴったりとつく様子」「著＝呪力を付着させる様子」などの説がある】				ノを羊からつ なげて書く
				追
★　道を行く（辶）＋（𠂤）。𠂤＝うさぎ→うさぎを追いかける様子とする。唱歌『ふるさと』の「うさぎ追いし，かの山」をイメージ。【「𠂤＝阜→崖や丘」「𠂤＝堆積した重い土」「𠂤＝干し肉」などの説がある】				𠂤の１画目が 足りない
★★　建物（广）＋音符（廷）テイ。廷＝高貴な人（壬）が中庭に続く道（廴）を眺める様子とする。【「廷＝中庭（廴）＋背を伸ばして立つ人（壬）」「廷＝のびた道（廴）＋人（イ）＋（土）」などの説がある】				广を厂と書く

漢字4コマ指導法				よくある 書き間違い
		度	度	度	
★ 建物（广）＋鍋（廿）＋手（又）→手で鍋の温度を確かめる様子とする。【「手（又）で布（廿）を敷いて広さを測る」「廿＝二十→たくさん」「廿＝革」などの説がある】				又を夂と書く
		投	投	投	
★★ 手（扌）と手（又）でブーメラン（殳）を投げ合う様子とする。【「殳＝柄の長い武器」「殳＝矛や槍」「殳＝木の棒」などの説があるが，殳の形からイメージしにくい】				又を夂と書く
			登	登	
★★★ 両足（癶）＋音符（豆）トウ。供え物（豆）を捧げて祭壇をのぼる（癶）様子。「癶」の筆順を間違えやすい。1画目と3，4画目，2画目と5画目は鏡映しの筆順と方向になっていることに注目させるとよい。				癶の左右を鏡映しに書く
			等	等	
★★ （竹）＋人（大→土）＋手（寸）。手にした竹の長さが同じ→等しい様子とする。【「竹簡（竹）＋進む・止まる（寺）→竹簡を綴る様子」「寺＝足（止）＋手（寸）→役所」「寺＝そろえる様子」などの説がある】				竹を⺿と書く

基本アイテム

1年生の漢字

2年生の漢字

3年生の漢字

4年生の漢字

5年生の漢字

6年生の漢字

漢字４コマ指導法				よくある書き間違い
★☐　　体重計（里）に立つ子ども（立）→成長を喜ぶ児童の様子とする。【「刃物（辛）＋（目）＋（重）の略体」「刃物（辛）＋（目）＋（東）」などの説があるが，児童に話すにはふさわしくないものが多い】				立を土と書く
★☐　　収穫物（曲）＋耕地の畝や農具（辰）→農業の様子とする。【「両手（臼）＋（田）＋動く貝（辰）」「両手（臼）＋頭骨の割れ目（凶）＋農具（辰）」「田んぼ（田→曲）＋農具として使う貝（辰）」などの説がある】				辰が１画多い
★★　　両足（癶）＋旅行の荷物（一）＋両手（廾）→出発前の準備をする様子とする。【旧字体は「發」。「両足（癶）＋（弓）＋射る（殳）」「両足（癶）＋鳥居（开）」などの説がある】				開との混同で開と書く
★★　　（土）＋音符（反）ハン。斜面（土）を登ろうとする人の背中（厂）を手（又）で押してあげる＝坂道の様子とする。【「反＝崖（厂）＋手（又）」「反＝手で押して反り返る板」などの説がある】				厂を广と書く

漢字４コマ指導法				よくある 書き間違い
		美	美	美
★★★　「羊＝たっぷりと豊かな様子」を表す。たっぷり大きい（羊）＋人（大）→美しい様子。【「（羊）＋ゆったりする（大）様子」「美＝羊の体全体の象形」などの説がある】				羊の縦画を大まで続けて書く
	筆	筆	筆	筆
★★★　竹製（竹）＋手で筆を持つ様子（聿）。「聿」だけでも「筆」を表し，「書・律」など，書字に関する字にも含まれる。横画が多くて苦手とする児童も多い。「つらぬく縦画は最後」という筆順の原則を徹底するとよい。				聿の横画が１画足りない
		表	表	表
★★★　毛皮（丰）＋（衣）→コートのおもて面の様子とする。「丰」を「土」と書く児童には，「コートの毛がふさふさしてないね」と声を掛けるとよい。【毛皮の上に衣を重ね着する様子とする説もある】				丰を土と書く
		病	病	病
★　病床（疒）＋枕（一）＋（人）＋布団（冂）→病で寝ている人の様子とする。「疒」を「凍る（冫）＋建物（广）」と書かないように指導する。【病床（疒）＋（丙）→病気が重くなる様子とする説もある】				疒を冫と广に分けて書く

基本アイテム

１年生の漢字

２年生の漢字

３年生の漢字

４年生の漢字

５年生の漢字

６年生の漢字

漢字４コマ指導法				よくある書き間違い

★★　人（ク）＋財貨（貝）。財産（貝）を失い，ひざをつく人（ク）→勝負に負けた人の様子とする。混同しやすい「マ」は「抱え込む手の形」である。【「大事なものを背負う様子」「財産を守る様子」などの説がある】 | 通との混同でクをマと書く

| | | | | |

★　店員さん（月）＋服を試着する人とサイズを確かめる手（又）→服を選ぶ様子とする。【「月＝舟」「又＝人を押さえつける様子」「又＝ぴったりとつける様子」などの説がある】 | 皮との混同で又の書き方が異なる

| | | | | |

★　神に捧げるための台（ネ）＋財貨や宝物で満たされる（畐）→幸福を表す。そこから「富（４年生）＝財貨で満たされた（畐）建物（宀）」につなげるとよい。【畐＝真ん中のふくらんだ酒樽（畐）とする説もある】 | ネをネと書く

| | | | | |

★★★　道を行く（辶）＋（反）。相手の背中（厂）を手（又）で押して，来た道（辶）を引き返させる様子。【「反＝崖（厂）＋手（又）」「反＝手で押して反り返る板（反）」などの説がある】 | 反を皮と書く

漢字4コマ指導法				よくある 書き間違い
		放	放	放
★ 　音符（方）ホウ＋叩く人（攵）。鐘を叩く（攵）と四方八方（方）へ音が放たれ，町の人たちに合図が伝わる様子とする。【「方＝両方に柄の出た農具」「方＝二艘の舟」などの説がある】				攵を欠と書く
		命	命	命
★★ 　建物（亼）＋ベビーベッド（口）＋ひざまずいてのぞき込む人（卩）→新しい命を見守る人とする。【「集まってひざまずく人（令）＋命令（口）」「ひざまずく人（令）＋器（口）」などの説がある】				卩をßと書く
		面	面	面
★★★ 　仮面を着けた変身ヒーローの姿。中央の横画を1画少なく書く児童がいる。「面の中央に鼻（自）を書くよ」と声を掛けるとよい。【「（頁）の上部を囲んだ（口）形」「（首）＋（口）」などの説がある】				横画が1画足りない
		遊	遊	遊
★ 　道を行く（辶）＋音符（斿）ユウ。斿＝先導する人（方）＋向き（─）＋（子）→遊びに出掛ける様子とする。【「斿＝吹き流しのある旗の下で遊ぶ子」「斿＝揺れる旗→動き回る様子」などの説がある】				丶を書かない

漢字４コマ指導法				よくある 書き間違い
		葉	葉	茟
★★★　植物（艹）＋木の上に枝葉が生い茂る（枼）様子。「世」を左から順に書く児童がいる。「世」は，平仮名「せ」や片仮名「セ」のもとになった漢字。ひらがな「せ」の筆順とつなげて指導するとよい。				艹を書かない
	様	様	様	
★★★　（木）＋音符（羕）ヨウ。自然（木）の中をゆったり（羊）と（水）が流れていく→いつもと変わらない様子を表す。【「羕＝姿・形のよい羊」「様＝トチやクヌギ」などの説がある】				羕を羊と水に 分けて書く
			落	
★　　草（艹）＋音符（洛）ラク。草むら（艹）で，足（夂）が水たまりの穴（口）にはまり，水（氵）がはねる様子とする。【「洛＝水が点々と連なり落ちる」なので，「落＝葉が連なり落ちる様子」とする説もある】				艹が小さく氵 を大きく書く
	流		流	
★★　　水（氵）＋（㐬）。㐬＝帽子（亠）をかぶり子どもを抱いて（厶）川の流れを眺める人の様子とする。【「㐬＝羊水とともに生まれ落ちる子」「㐬＝子どもの無事を願う風習の様子」などの説がある】				㐬を亠＋川と 書く

漢字４コマ指導法				よくある書き間違い
	旅	旅	旅	旅

★□　「方＝向き・模範」とし，リーダー（方）の行く方向（宀）へ付き従う人々（イイ）→旅をする人たちの様子とする。【吹き流しをつけた旗竿（方宀）＋人々（イイ）＝家族・集団で遠くへ行く様子とする説がある】

宀の下が１画足りない

| | | | 両 | 両 |

★□　開けた窓から見える山とガラス越しに見える山，その両方の景色とする。【旧字体は「兩」。「二頭立ての馬車に使う用具の形」「車の両輪」「左右におもりのついたはかり」などの説がある】

縦画を突き出す

| | | | 緑 | 緑 |

★★□　（糸）＋（彔）。「彑→ヨ」と変化。（糸）を手（ヨ）で染料の入った液体（水）に漬けて，緑色に染める様子とする。【彔＝削りだすキリの形。削った草木の汁で染料を作る様子とする説もある】

ヨをヨと書く

| | | 路 | 路 | 路 |

★□　足（𧾷）＋（各）。足（止）と足（夂）が水たまり（口）で立ち止まる→雨上がりの路面の様子とする。【「各＝足（夂）が固いもの（口）にぶつかり，止まる様子」「各＝神が天から下る様子」などの説がある】

夂を夊と書く

基本アイテム

１年生の漢字

２年生の漢字

３年生の漢字

４年生の漢字

５年生の漢字

６年生の漢字

04 4年生の漢字解説表

4年生の傾向と攻略ポイント

【4年生配当漢字(202字)】　　　□＝本書で扱う漢字（76字）

愛 案 以 衣 位 茨 印 英 栄 媛 塩 岡 億 加 果 貨 課 芽 賀 改 械
害 街 各 覚 潟 完 官 管 関 観 願 岐 希 季 旗 器 機 議 求 泣 給
挙 漁 共 協 鏡 競 極 熊 訓 軍 郡 群 径 景 芸 欠 結 建 健 験 固
功 好 香 候 康 佐 差 菜 最 埼 材 崎 昨 札 刷 察 参 産 散 残 氏
司 試 児 治 滋 辞 鹿 失 借 種 周 祝 順 初 松 笑 唱 焼 照 城 縄
臣 信 井 成 省 清 静 席 積 折 節 説 浅 戦 選 然 争 倉 巣 束 側
続 卒 孫 帯 隊 達 単 置 仲 沖 兆 低 底 的 典 伝 徒 努 灯 働 特
徳 栃 奈 梨 熱 念 敗 梅 博 阪 飯 飛 必 票 標 不 夫 付 府 阜 富
副 兵 別 辺 変 便 包 法 望 牧 末 満 未 民 無 約 勇 要 養 浴 利
陸 良 料 量 輪 類 令 冷 例 連 老 労 録

初出の部首や部分(約30)【基本アイテム(3)】戈礻冊【その他】亡夫井不牙世令司争臼成亦共兆更我臣隶垚単専など

　初出の部首や部分は少なくなりますが，中には「丗（帯）」「臼（潟）」など，児童に馴染みのない部分もあります。漢字クイズやゲームで意図的に使う場面を増やすとよいです。漢字辞典で「総画・音訓・部首」の3つの索引の使い方に慣れさせ，漢字に応じて素早く調べられるようにします。部首や部分で漢字をつなぐワークや，熟語と熟語をつなぐワークで漢字辞典を活用すると，辞典のよさを味わわせることができて効果的です。

漢字4コマ指導法					よくある書き間違い

★★ 子どものことが心配で，手（爪）を胸（冖）にあて，（心）惹かれて立ち去り（夊）がたい親の心情＝親の愛とする。【「胸が詰まり足も止まりそうで進めない様子」「振り返りつつ歩く様子」などの説がある】　／　夊を又と書く

| | | | | |

★★ 農具＋飛び散る土（丶）＋耕す（人）→農作業でいつも以上に頑張る様子とする。【「鋤（㠯→ム）＋（人）」「鋤（㠯→し）＋（人）」「刃先の丸い農具の象形」「鼻の形（ム）と（人）」などの説がある】　／　1，2画目をイと書く

| | |  |  |

★★ 手（爪）で座っている人（卩）の頭をなでて褒める→頑張った印とする。【「押さえつける手（爪）＋ひざまずく人（卩）」「下向きの手（爪）＋しるし（節→卩）」などの説がある】　／　卩を阝と書く

| | | | | |

★★★ 「ツ＝3つ並んだ炎」とし，炎で照らされる（ツ冖）＋（木）→盛んになる，栄える様子とする。【旧字体は「榮」。「かがり火（熒）＋（木）→取り巻く様子」などの説がある】　／　当との混同で2画目を縦に書く

漢字４コマ指導法				よくある 書き間違い

★★★ 果実（田）のなる（木）の象形。「田」は，田んぼではなく，４つの果実が集まった形であることをイラストで理解させる。「田＋木」に分けて書かないよう，「日→木」の筆順を正しく身に付けさせるとよい。

田と木に分けて書く

★★★ 蛇（己）を棒で叩いて立ち向かう（攵）→状況を改善しようとする様子。【「ひざまずく人（己）＋叩く人（攵）」「伏せたものを起き上がらせる（己）＋動作（攴）」などの説がある】

攵を欠と書く

★★ （木）＋音符（戒）カイ。戒＝両手（廾）＋はた織機（戈）→機械の様子とする。「機」と一緒に指導するとよい。【「戒＝両手で持つ武器→引き締める様子」「戒＝手かせ，足かせ」などの説がある】

戈を弋と書く

★ 穴（口）から害虫（丰）が家（宀）の中に入る→被害の様子とする。【「建物（宀）＋茂る草木（丰）＋（口）」「（宀）＋傷つける（丰）＋（口）」「発言（口）に被せて（宀）遮る（丰）様子」などの説がある】

横画が１画足りない

漢字４コマ指導法				よくある書き間違い
		街	街	街

★□□　十字路（行）＋多くの人（大大→土土→圭）→人が行き交う大きな街の様子とする。【「圭＝区切られた土地（圭）」「圭＝盛り土（圭）」「圭＝縦横に線の模様のある玉」などの説がある】

イをイと書く

			潟	潟

★★★　水（氵）＋音符（舄）セキ。水辺（氵）にカササギなどの鳥（舄）が集まる→干潟や遠浅の海岸の様子とする。【「舄＝飾りのある靴」「舄＝塩分を含む土地」「舄＝海岸の土地」などの説がある】

臼を白と書く
舄の７画目をのばさない

			管	管

★□□　（竹）＋音符（官）カン。（竹）のような管（吕）を建物（宀）に張り巡らせる様子とする。【「官＝宮（宀）＋供え物の肉（吕）」「官＝役所の建物」「官＝垣根などで取り巻く建物」「官＝貫く」などの説がある】

宀を冖と書く

		関	関	関

★□□　兜をかぶった武者（关）が（門）番をしている場所→関所で食い止める様子とする。【旧字体は「關」。「絲＋丱＝貫き通すもの→門を閉じるかんぬき」「絲＋丱＝合わせ閉じる様子」などの説がある】

关の５画目を突き出す

基本アイテム
1年生の漢字
2年生の漢字
3年生の漢字
4年生の漢字
5年生の漢字
6年生の漢字

漢字４コマ指導法				よくある書き間違い
	観	観	観	観

★★　飛んでいく（┌─）鳥（隹）をじっくりと（見）る→よく見る，見回す様子とする。【旧字体は（雚）＋（見）。「雚＝毛角のある鳥」「雚＝雌雄そろった鳥」「雚＝めぐる」「雚＝見回す」などの説がある】

隹を別にして書いている

		願	願	願

★★★　崖（厂）にある（泉）で祈る人（頁）の様子とする。泉を見ると願い事をしたくなるのはいつの時代も同じよう。【「原＝大きい」「原＝慎む，生真面目」などの説がある】

泉の１画が足りない

★★★　手（ナ）で布（巾）に細かな刺繍（乂）をする→めったにない，めずらしい様子とする。【古い字は，（爻）＋布（巾）。「爻＝織り目」「爻＝×印に刺繍した模様」「爻＝織り目が少ない，まれ」などの説がある】

巾の縦画を突き出さない

		旗	旗	旗

★　引率者（方）＋矢印（┐）＋台に積み上げられた荷物（其）→旗を目印にたくさんの買い物をするツアーの様子とする。【吹き流しをつけた旗竿（方┐）＋音符（其）キ「其＝整っている様子」などの説がある】

┐を書かない

漢字４コマ指導法					よくある書き間違い

  機 機 機

★★★ （木）＋音符（幾）キ。「機＝はた」とも読む。木製（木）＋糸（幺）＋はた織り機（戈）＋操作する（人）。書き忘れやすい「丶」は「材料の切れ端」とするとよい。【「石を発射する石弓」とする説もある】

点が１画足りない

   議 議

★★ 言葉（言）＋音符（義）ギ。話合い（言）＋たっぷり（羊）＋正しさの象徴（我＝ギザギザの刃のついた矛）→正当性をたっぷりと主張し合う議論の様子とする。【筋道を整える（義）＋話す（言）とする説もある】

点が１画足りない

   挙 挙

★★ 「ﾂ＝３つ並んだ手」とし，手（ﾂ）＋手（ナナ）＋（手）→たくさんの手が挙がる様子とする。【旧字体は「擧＝與＋手」。「與＝象牙（与）を捧げ持つ（臼廾）」「與＝両手で持ち上げる」などの説がある】

当との混同で点の方向が異なる

  共 共 共

★★★ たくさんの収穫物（廿）を手と手（廾）で捧げ持つ→揃って一緒に行う様子とする。【二十（廿）＋両手（廾）→たくさんのものを持ち上げる様子とする説もある】

寒との混同で横画が１画多い

基本アイテム

１年生の漢字

２年生の漢字

３年生の漢字

４年生の漢字

５年生の漢字

６年生の漢字

漢字４コマ指導法				よくある 書き間違い
		鏡	鏡	鏡
★□□□（金）＋音符（竟）キョウ。姿見（金）で太鼓（日＋儿）を叩く自分の姿（立）を見る→鏡に映す様子とする。【「竟＝（音）＋足（儿）→一区切り歌い終える様子」「竟＝かげ」「竟＝景→光」などの説がある】				競との混同で日を口と書く
		競	競	競
★□□□　立って応援する二人（立立）と走る二人（兄兄）→競い合う様子とする。【「言う（言→辛＋口→音音）＋二人（儿儿）」「音音＝言い争う様子」「音音＝神を祭って祈る様子」などの説がある】				鏡との混同で口を日と書く
		極	極	極
★□□□（木）＋音符（亟）キョク。柱（木）と床（一）に近い差込（口）に，手（又）でプラグ（丂）を差し込む様子→電極の様子とする。【「亟＝手も声も届かない高さ」「亟＝狭い所に押し込める刑罰」などの説がある】				丂を丁と書く
		郡	郡	郡
★★★　音符（君）クン→グン＋村や町（邑→阝）。手にした棒（尹）で器（口）を叩いて号令を掛け，村や町（阝）を治める人の様子とする。【「君＝杖を持つ手と口」「君＝集まる・まとまる様子」などの説がある】				阝を阝と書く

漢字４コマ指導法				よくある 書き間違い
★★ 音符（君）クン→グン＋（羊）。手にした棒（尹）で器（口）を叩いて（羊）たちを集める→群れを動かす様子とする。【「君＝棒を手に（尹）指図（口）する人」「君＝集まる・まとまる様子」などの説がある】				半との混同で縦画を突き出す
★★★ 太陽（日）＋音符（京）ケイ。都の建物（京）の上に明るく太陽（日）が輝く様子→素晴らしい景色・風景とする。【「京＝都の城門」「京＝高い土台の上に建つ建物」「京＝大きな丘」などの説がある】				京の一を二と書く
★★ 建物の図面（廴）を筆（聿）で書く→建設の準備をする様子とする。【「朝廷（廷）＋法律（聿）→法律を定めて国を治める様子」「まっすぐ（聿）＋進む（廴）様子」などの説がある】				聿の横画が１画足りない
★★ （馬）＋建物（亼）＋虫眼鏡（口）＋（人）→馬の良し悪しを詳しく調べる様子とする。【旧字体は「驗」。「僉＝一か所に集める様子」「僉＝集まり口々に言い合う様子」「僉＝祈りを捧げる二人」などの説がある】				使との混同で突き出して書く

基本アイテム

１年生の漢字

２年生の漢字

３年生の漢字

４年生の漢字

５年生の漢字

６年生の漢字

漢字4コマ指導法				よくある書き間違い

★　　　人（イ）＋音符（矦→侯）コウ。たくさんの人（イユ大）とアンテナ（丨）で同じ方向（ノ）を観察する様子とする。【「矦＝垂れた布（厂）を（矢）で突き通す人（ク）」「候＝敵の様子を窺う」などの説がある】

3画目の縦画（丨）が足りない

★★　　　家（广）の中で，手に持った鈴を鳴らして心地よい音を鳴らす（隶）→やすらかな様子とする。【「風鈴のような楽器の音色」「隶＝杵で米を突く様子」「隶＝両手で稲を持つ様子＋もみ殻」などの説がある】

广を厂と書く

★　　　（羊）の大きさの違い（ノ）をものさし（工）で測る→差を調べる様子とする。【「垂れ下がる枝葉（禾）＋手（左）→ちぐはぐで揃わない様子」「ふぞろいの稲穂＋ばらばらに開いた手（左）」などの説がある】

羊の縦画をそのまま伸ばして書く

★★★　　　くさ（艹）＋音符（采）サイ。采＝手（爫）で（木）の実や芽を摘み取る様子。「采」に手（扌）を加えることで，実や芽を摘み取る様子をさらに強調した漢字が「採」である。

爫の1画目のノが足りない

漢字４コマ指導法				よくある 書き間違い
		最	最	最

★□□□　（日）光で照らして手（又）で（耳）かきをする→最も見やすい
様子とする。【「かぶさる（日＝冃）ものを（取）る」「頭巾（日＝冃）を
つまむ（取）」「無理（日＝冃）に（取）る」などの説がある】

耳の１画目を
伸ばさずに書
く

	刷	刷	刷	刷

★□□□　建物（尸）＋写す紙（巾）＋板を削る彫刻刀（刂）→家の中で版
画を彫って紙に刷る様子とする。【「ぬぐい取る布（㞋の略体）＋削る
（刂）」「尻（尸）＋布（巾）＋手（又）→尻ふきの形」などの説がある】

尸を戸と書く

	察	察	察	察

★★□□　建物（宀）の中で，厳選した肉を神に供える（祭）→細かく見分
ける様子とする。【屋内（宀）で（祭）り，神の心をはっきりさせる様子
とする説もある】

月を夕と書き，
１画足りない

★□□□　抱え込む手（厶）＋両手（廾）＋輝き（彡）→進んで参加する様
子とする。【旧字体は「參」。髪飾り（㐺）をつけた女性＋（彡）。「彡＝光
り輝く様子」「彡＝まばらに生えた髪」「彡＝服の飾り」などの説がある】

冬や寒との混
同で彡を〻と
書く

基本アイテム

１年生の漢字

２年生の漢字

３年生の漢字

４年生の漢字

５年生の漢字

６年生の漢字

漢字4コマ指導法				よくある書き間違い
			散	欺
★□□□　釜（廿）＋肉（月）＋叩く人（攵）→ステーキ肉を叩いて下ごしらえをしようとして，辺りを散らかす様子とする。【「麻の皮（枾）＋肉（月）＋叩く（攴）」「（林）＋（攵）→木をばらばらにする」などの説がある】				攵を欠と書く
			周	圕
★□□□　グラウンド（口）の周り（冂）を走る人（大→土）→周回する様子とする。【「盾の表面の模様＋器（口）」「板に釘を突き通す象形」「言葉（口）を（用）いてうまく話す様子」などの説がある】				冂を口と書く
			順	順
★★□□　たくさん並んでいる人たち（川）＋先頭に立つ人（頁）→順番を待って並んでいる様子とする。【「（川）を渡ろうとする人（頁）」「（川）＋人の頭（頁）」「従う（川）＋顔（頁）」などの説がある】				頁の横画が１画足りない
			初	初
★★★□　衣（ネ）＋はさみ（刀）→衣装（ネ）を作るために，生地にはさみを入れる→最初にやることを表す。混同しやすい「衣→ネ＝衣服に関する漢字」と「示→ネ＝神事・祭事に関する漢字」の違いを押さえるとよい。				ネをネと書く

漢字４コマ指導法				よくある書き間違い
		↑↑ 关	笑	笑
★★ 　（竹）林の中で笑う，頭髪の生え始めた赤ん坊（ノ＋大→夭）の様子とする。【「両手の形（竹）＋踊る巫女（夭）」「髪の長い巫女の象形」「（咲＝わらう）が誤り伝わった形」などの説がある】				夭を大と書く
		燒	焼	焼
★　　（火）をつけて，草（十艹）を焼く人（兀）→野焼きの様子とする。【旧字体は「燒」。「土器を積み重ねて（堯）やく（火）」「炎（火）が高く上がる（堯）様子」などの説がある】				十と艹の位置が逆
			縄	縄
★　　（糸）＋紐でしばった箱→縄でしばる様子とする。【旧字体は「繩」。「（糸）＋腹のふくれたカエルの象形」「（糸）＋腹のふくれたハエ（蠅）」「（糸）＋紐を互い違いによじって太くした形」などの説がある】				田と电に分けて書く
			臣	
★★★　　じっと見る，大きく目を見張る様子。そこから「家臣」「大臣」を表すようにもなった。「覧」「監」「臨」「賢」など，よく見ることに関する漢字に含まれる。【上の方を見る目→神に仕える家来とする説もある】				臣を巨と書く

基本アイテム

１年生の漢字

２年生の漢字

３年生の漢字

４年生の漢字

５年生の漢字

６年生の漢字

漢字4コマ指導法				よくある書き間違い
	清	清	清	清
★★★ 水（氵）＋音符（青）セイ。「青＝草（龶）＋井戸（丹→月）→澄み渡る様子」なので，水（氵）が澄み渡る（青）様子。同様に「晴＝日に曇りなく澄み渡る」「情＝心に曇りなく澄み渡る」などがある。				土と書いて1画足りない
	席	席	席	席
★★ 「度」と同様に「廿＝鍋」とし，建物（广）の中で鍋（廿）を敷物（巾）の上に置く→食事の席の様子とする。【建物（广）＋敷物（廿巾）→布を敷いて席を用意する様子。「廿＝革の上の部分」とする説もある】				巾の縦画を突き出さない
		積	積	積
★★ 穀物（禾）＋音符（責）セキ。食料となる穀物（禾）と財貨（貝）を重ねる（龶）→積み上がる様子とする。【「責＝積み重なる財貨」「責＝とげのある枝（龶）＋財貨（貝）」「責＝税金」などの説がある】				禾を木と書く
	即	即	節	節
★ 竹林（竹）の中でタケノコを見付けてひざまずき（即），節を見つめている人の様子とする。【旧字体は「節」。「（竹）＋器に盛った料理（皀）＋ひざまずく人（卩）」「（竹）＋断ち切る（即）」などの説がある】				即を艮卩と書き，1画多い

086

漢字４コマ指導法				よくある書き間違い
		共	選	選

★★★ 道を行く（⻌）＋音符（巽）セン。巽＝ひざをつく二人（己己）が，捧げもの（共）をじっくり見る→選ぶ様子とする。【「巽＝座る人（己）＋贈り物（共）」「巽＝舞台（共）で並び踊る人（己）」などの説がある】

曜との混同で己をヨと書く

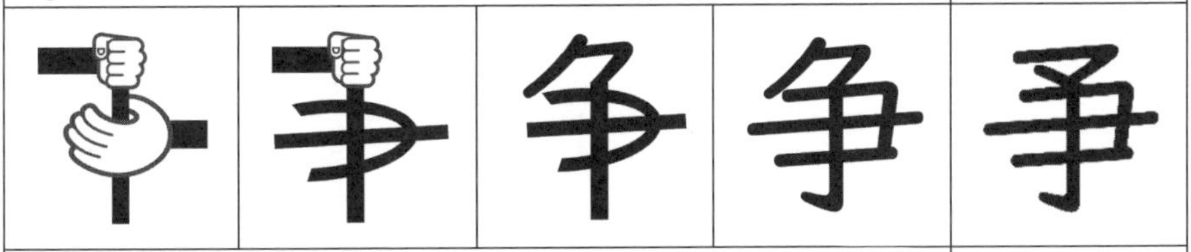

				争

★★★ つまむ手（⼩）＋棒を持つ手（尹）→手と手で棒を奪い合う様子。「青＝草（生）＋井戸（丹＝月）→澄み渡る様子」なので，「静＝奪い合う（争）騒がしさがなく，澄み渡る（青）様子」である。

クをマと書く

			巣	巣

★★ 「ツ＝３つ並んだ鳥」とし，餌をもらおうと必死にアピールするひな鳥（ツ）＋木の上の巣（果）の様子とする。【旧字体は「巢」。ひな鳥（巛）＋鳥の巣（臼）＋（木）】

巛と木を分けて書く

		束	束	東

★★★ 薪（木）をぐるぐる巻き（口）にして束ねた様子。「束」は「整」「速」として３年生で学習している。「東」と書く児童には，「縛りすぎ」と指摘するとよい。【「物を袋に入れて両端を縛った象形」とする説もある】

束を東と書き，１画多い

右欄縦書き：
基本アイテム
１年生の漢字
２年生の漢字
３年生の漢字
４年生の漢字
５年生の漢字
６年生の漢字

漢字４コマ指導法				よくある書き間違い
★★★　古代中国の高貴な人が身に付ける腰おび（卅一）＋着物の腰から下（一）＋前掛け（巾）の形。【旧字体は「帶」。「儀式用の豪華なおびの象形」「おびに飾りのたれ布の重なった象形」などの説がある】				廿と書き，１画足りない
★★　「達」は「とどく」という意味をもつので，人（大→土）が（羊）を届けに道を行く（辶）様子とする。【（辶）＋（㚔）。「㚔＝母羊（大）からするりと生まれ落ちる子羊（羊）の様子」とする説もある】				幸と書き，１画足りない
★★★　書物（冊）を足の付いた台（丌）の上に並べた形。「曲＋ハ」と書き間違う児童もいる。６画目の書物を載せる台の部分を強調するとよい。【「綴った竹簡（冊）を両手で持つ（丌）様子」とする説もある】				曲と丌に分けて書く
	特	特	特	持
★★　（牛）＋（寺）。（牛）＋手を広げた人（大）＋手（寸）→ひときわ優れたものの様子とする。【「寺＝じっとして動かないもの」「寺＝手（寸）と足（止→土）を動かし働く様子」などの説がある】				牛をまと書く

漢字４コマ指導法				よくある書き間違い
		徳	徳	徳

★★　十字路（彳）で困っている人の様子をまっすぐ（十）に見つめ（目）て，（心）に思ったとおりに行動に移す→道徳的な行いの様子とする。【「十＝飾り」「十＝十人」「十目→直と同様」などの説がある】

彳をイと書く

| | | |  | 熱 |

★★　暑さ（灬）で植えた植物（坴）も手入れする人（丸）もぐったりする→気温が高まり，熱中症の危険がある状態とする。【「埶＝木を植えて手入れする様子」「埶＝農具を使い耕す様子」などの説がある】

坴を土と書く

| | | 敗 | 敗 | 敗 |

★★★　財貨・宝物（貝）＋叩く（攵）。戦で敵に敗北し，財貨（貝）などを奪われて，叩きのめされる（攵）様子とする。【「大事なものを壊される様子」「貝＝二つに割れるもの→壊れる様子」などの説がある】

攵を欠と書く

| | | | 博 | 博 |

★★　畔道（十）＋（尃）。尃＝汗水（丶）流し，苗（十）を（田）に手（寸）で植える→広く行き渡る様子を表す。「博学＝広い学問の知識」「博覧＝広く見ること」である。【「十＝多い」「十＝四方」などの説がある】

専との混同で点が足りない

基本アイテム

1年生の漢字

2年生の漢字

3年生の漢字

4年生の漢字

5年生の漢字

6年生の漢字

漢字４コマ指導法				よくある書き間違い
				飛
★★ ☐　鳥が両方の翼を広げて飛び立つ姿の象形。「イ」は「レ」と同様に「上方向への動きを表す記号」とする。筆順を間違えやすいので，「上の翼①②③→体幹④→上方向への動き⑤⑥→下の翼⑦⑧⑨」と指導するとよい。				ノを書かない
			票	
★★ ☐　用紙をくるんだ布（覀）＋台（示）→投票の様子とする。【「御札の入った箱（覀）＋神に捧げるための台（示）」「火の粉がふわふわと軽く舞い上がる様子」「火葬の様子」などの説がある】				示の横画が１画足りない
★★ ☐　「福」と同様に，家（宀）が財貨や宝箱で満たされる（畐）→財産，富の様子とする。【「建物（宀）＋ふくらんだ酒樽（畐）」「倉（宀）に穀物がありすぎて入り口をふさぐ形」などの説がある】				畐の一が足りない
★ ☐　「亦＝人（大）の両脇（ハ）」なので，動き回って（夊）脇の下（亦）が汗だくに変わる様子とする。【旧字体は「變」。「糸がもつれ，けじめがつかない様子」「神への誓いを破って変える儀式」などの説がある】				夊を又と書く

漢字4コマ指導法				よくある書き間違い
		望	望	望
★ 見えないはずの UFO（亡）と（月）を見ようとしている（王）→遠くをのぞむ様子とする。【隠れて見えないもの（亡）＋（月）＋背伸び（壬）している人」「大きく目を開けて月を眺める人」などの説がある】				亡を七と書く
	牧	牧	牧	牧
★★★ 家畜（牛）＋棒やムチで叩く人（攵）→牧牛を追い立てる様子。「牛」は，左右にある角のうちの１本を省略した形。「攵」は手（又）に棒（卜）を持って叩く形（攴）が変化したもの。				攵を夂と書く
		満	満	満
★ かまど（冂）に火（山）をつけ，ご飯（廿）を炊いたら，（水）が吹きこぼれる→満ちる様子とする。【旧字体は「滿」。水（氵）＋音符（㒼）マン。「㒼＝酒を入れた容器」「㒼＝行き渡る様子」などの説がある】				艹と両に分けて書く
		民	民	民
★ どれも残酷な説で児童にふさわしくないので，車椅子に乗った人を後ろからサポートする様子→支え合う市民の様子とする。古代では，親しい関係を「人」，一般の人を「民」と区別していた。				１～３画目を尸と書く

基本アイテム / 1年生の漢字 / 2年生の漢字 / 3年生の漢字 / **4年生の漢字** / 5年生の漢字 / 6年生の漢字

漢字４コマ指導法				よくある書き間違い
★☐　積み上げられた木（無一）が燃えて（灬）消えていく（ノ）→あったものが無くなる様子とする。【「たもとに飾りをつけて踊る様子」「火事で燃える様子」などの説がある】				縦画が１画足りない
★☐　「マ＝抱え込む手」なので，田畑（田）を耕そうと手（マ）に（力）を込める→勇ましい様子とする。【「桶（甬）＋農具（力）」「突き抜ける（甬）＋（力）」「湧き出る（甬）＋（力）」などの説がある】				マをクと書く
★☐　音符（羊）ヨウ＋（食）。「羊＝たっぷり」という意味をもつので，たっぷり（羊）＋（食）べる→栄養をとる様子とする。【「おいしい（羊）＋（食）べ物」「（羊）に（食）べ物を与えて飼う様子」などの説がある】				食を食と書き１画足りない
		陸	陸	郵
★★☐　「坴＝芽生えて根を張る双葉」とし，丘（阝）＋そこに自生する植物（坴）→陸地の様子とする。【「丘（阝）＋盛り上がる土（坴）＋（土）」「坴＝テントが二つある形」「坴＝大きな土の塊」などの説がある】				部との混同で阝と坴を逆に書く

漢字４コマ指導法				よくある 書き間違い
		量	量	量
★★　「重」「童」と同様に「里＝はかりの形」とし，物（日）をはかり（一里）の上にのせる→計量する様子とする。【「穀物を入れる大きな袋の象形」「器に入れた穀物（日）を計量する（重）様子」などの説がある】				日を田と書く
				輪
★★　（車）＋音符（侖）リン。自転車（車）を建物（亼）に順序よく並べる（冊）→駐輪場の様子とする。【「侖＝一つに寄せ集める（亼）＋順序よく並べる（冊）」「侖＝まるくつながる様子」などの説がある】				冊を用と書く
		類	類	類
★★★　植物（米）も人（大と頁）も多種多様だが，みんな仲間であること→同類とする。【「見分けが付かない（米頁）＋（犬）」「穀物（米）＋人（大）＋顔（頁）」「お供え物（米犬）＋拝む人（頁）」などの説がある】				数との混同で大を女と書く
		労	労	労
★★　「ツ＝３つ並んだ汗」とし，汗（ツ）＋ヘルメット（冖）＋（力）→労働する様子とする。【旧字体は「勞」。「火（炏）で農具（力）を清める様子」「かがり火（炏）＋（力）→暗くても働く様子」などの説がある】				当との混同で２画目を縦に書く

基本アイテム

1年生の漢字

2年生の漢字

3年生の漢字

4年生の漢字

5年生の漢字

6年生の漢字

05　5 年生の漢字解説表

5 年生の傾向と攻略ポイント

【5 年生配当漢字（193字）】　　　　　□＝本書で扱う漢字（76字）

圧	囲	移	因	永	営	衛	易	益	液	演	応	往	桜	可	仮	価	河	過	快	解
格	確	額	刊	幹	慣	眼	紀	基	寄	規	喜	技	義	逆	久	旧	救	居	許	境
均	禁	句	型	経	潔	件	険	検	限	現	減	故	個	護	効	厚	耕	航	鉱	構
興	講	告	混	査	再	災	妻	採	際	在	財	罪	殺	雑	酸	賛	士	支	史	志
枝	師	資	飼	示	似	識	質	舎	謝	授	修	述	術	準	序	招	証	象	賞	条
状	常	情	織	職	制	性	政	勢	精	製	税	責	績	接	設	絶	祖	素	総	造
像	増	則	測	属	率	損	貸	態	団	断	築	貯	張	停	提	程	適	統	堂	銅
導	得	毒	独	任	燃	能	破	犯	判	版	比	肥	非	費	備	評	貧	布	婦	武
復	複	仏	粉	編	弁	保	墓	報	豊	防	貿	暴	脈	務	夢	迷	綿	輸	余	容
略	留	領	歴																	

初出の部首や部分（約20）【基本アイテム(2)】 忄 犭 【その他】 几 扌 久 片 尣 弗 矛 艹 辰 耒 凸 臼 冓 商 象 など

　初出の部首や部分は，更に少なくなります。画数の多い「解・護・雑」などの漢字も，既習の部首や部分に分解して意味を考えれば，習得は難しくありません。一方で，「易・益」「基・規」「常・状」「程・提」「複・復」「構・講」など，同音の漢字が多いため，混同する児童もいます。同音の漢字ごとに集めて指導するとよいです。迷ったときは，部首や部分の意味を手掛かりにして判断できるようにしておくことが大切です。

漢字4コマ指導法				よくある 書き間違い
		圧	圧	庄
★★ 　崖（厂）などで見られる地層（土）→圧力を受けた様子とする。 【旧字体は「壓」。「上から押さえつける（厭）＋（土）」「（土）で押しつぶす（厭）」「壓＝まじないの力で土地の霊を鎮める様子」などの説がある】				厂を广と書く
★ 　「ツ＝3つ並んだ照明」とし，照明（ツ）＋屋根（冖）＋売り場（呂）→営業中の様子とする。【旧字体は「營」。「かがり火（熒）をつけ（宮）殿を造る様子」「家（宮）を照らす（熒）様子」などの説がある】				官との混同で 呂を目と書く
			易	易
★★★ 　トカゲの象形→別の物に変わる様子，たやすい様子。混同しやすい「易」は「（日）が昇り（万），輝く（彡）様子」である。【「宝玉（日）＋輝く光（勿）」「雲間から日が差し込む穏やかな天候」などの説がある】				場・湯・陽との混同で1画多い
				益
★★ 　飛び散る水（丷）＋流れ出る水（八）＋器（皿）の3つに分割して，筆順を確かめさせながら指導するとよい。【「水を横にした形＋皿」「皿に物を大きく盛り上げた形」などの説がある】				奈との混同で 大と書く

基本アイテム

1年生の漢字

2年生の漢字

3年生の漢字

4年生の漢字

5年生の漢字

6年生の漢字

漢字４コマ指導法					よくある書き間違い
	演	演	演	演	寅の横画が１画足りない

★ 汗（氵）を流しながら，建物の中で縦笛を両手で持って吹く（寅）→演奏する様子とする。【「水が延びて流れる様子」「寅＝屋根（宀）＋曲がった（矢）を両手（臼）で直す様子」などの説がある】

| | | | 桜 | 桜 | 授との混同で⺍と書く |

★★ 「⺍＝３枚並んだ花びら」とし，（木）の下で花びら（⺍）と戯れる（女）の子→桜を楽しむ様子とする。【旧字体は「櫻」。「嬰＝花びらのような形の首飾りをした女性」「嬰＝首飾りをめぐらす」などの説がある】

| | | | 過 | 過 | 咼の口の位置が異なる |

★★ 道を行く（辶）＋音符（咼）カ。同じ道（辶）を何度もぐるぐる駆け回る（咼）→通り過ぎる様子とする。【「咼＝骨と骨のつなぎ目」「咼＝うずまきの形」「咼＝亡くなった人（冎）＋器（口）」などの説がある】

| | | | 解 | 解 | 用との混同で角の縦画を突き出す |

★★★ （牛）の（角）を（刀）で切る→解体する様子。「角」は立派な角を持つトナカイの雄の姿とする。「解」の誤答例として，「刀→力」「牛→午」「角のクをマと書く」などの混同も見られる。

漢字4コマ指導法				よくある 書き間違い
	礭	碻	確	確

★★★　（石）＋音符（寉）カク。落ちてくる（石）から守るために，鳥（隹）をかご（冖）に入れておく→確実な対策方法とする。【寉＝鳥（隹）が枠（冖）を突き抜けて高く飛ぶ様子とする説もある】	寉を寉と書く

	慣	慣	慣

★★★　心（忄）＋音符（貫）カン。（貝）に穴をあけてつなげた首飾り（毌）をいつも身に着ける→使い慣れる様子とする。【貝を突き通す様子から，一つの仕方，心の働き方を貫き通す＝慣れる様子とする説もある】	毌のノが足りない

	畳	基	基

★★★　音符（其）キ＋土台（土）。土台（土）の上に規則正しく積み上げていく（其）→基礎・基本の様子とする。【「其＝きちんと区切る様子」「基＝土木工事の礎石」などの説がある】	寒との混同で横画が異なる

	喜	喜	喜

★★　太鼓（口）＋のせる台（⺍）＋宝箱（口）＋声に出（出→士）して嬉しそうにする人→喜ぶ様子とする。【「太鼓と台（壴）＋（口）→にぎやかに楽しむ様子」「楽器で神を楽しませる様子」などの説がある】	吉の口を書かない

基本アイテム

1年生の漢字

2年生の漢字

3年生の漢字

4年生の漢字

5年生の漢字

6年生の漢字

漢字４コマ指導法				よくある 書き間違い
			逆	逆
★★ 道を行く（辶）＋鉄棒にぶら下がり，逆さになっている人（屰）の様子。「屮＋屮」を「屮＋巾」と書く児童もいる。鉄棒を握る手の向きを強調するとよい。【向こうからやってくる人を迎える様子とする説もある】				屮を巾と書く
		救	救	救
★★ 音符（求）キュウ＋叩く（攵）。猛獣（求）を棒で叩いて（攵）羊を助ける→救う様子とする。「ヽ＝襲われる羊」とし，書き忘れないように強調するとよい。【求＝祟りをなす獣の形とする説もある】				求の点が足りない
		居	居	居
★ 建物（尸）＋両手を広げる人（十）＋布団（口）→住居でリラックスしている人の様子とする。「人（尸）＋硬い腰掛け（古）→固いものに腰を下ろしている様子」「しっかりと腰かける人の様子」などの説がある】				尸を戸と書く
		境	境	境
★ （土）＋音符（竟）キョウ。隣の家とのさかい目（土）に（立）ち，太鼓（日ル）の練習をする様子とする。【竟＝（音）＋（ル）→曲の一区切り，曲と曲の境目とする説もある】				競との混同で日を口と書く

漢字4コマ指導法				よくある書き間違い
			潔	潔
★★ 水（氵）＋音符（絜）ケツ。絜＝結び目（圭）のある（糸）を切り落とす（刀）→潔い様子とする。【「絜＝（糸）の汚れを（刀）で削り落とす（圭）様子」「絜＝お祓いに使う糸飾り」などの説がある】				圭を主と書く
		険	険	険
★ 切り立つ丘（阝）を家（亼）から（人）がじっくりと見る（口）→険しさを見極める様子とする。【旧字体は「險＝丘（阝）＋（僉）」。「僉＝意見をそろえる様子」「僉＝神聖な場所を守る儀式」などの説がある】				使との混同で突き出して書く
		減	減	減
★★★ 水（氵）＋まさかり（戌）＋（口）。敵に攻められて（戌），器（口）に貯めた水（氵）がなくなる→減る様子とする。【「咸＝祈りの効果を減らす」「咸＝口数を減らす」「咸＝声を出し尽くす」などの説がある】				咸の一と口の位置を逆に書く
		護	護	護
★ 言葉（言）＋（蒦）。「危ない！」と（言）って，巣（艹）から落ちる鳥（隹）を手（又）で守る→保護する様子とする。【「蒦＝鳥（隹）を手（又）で捕らえる様子」「蒦＝枠で囲う様子」などの説がある】				又を夂と書く

漢字４コマ指導法				よくある書き間違い
	耕	耕	耕	耕
★★★　鋤（耒）＋耕作地（井）。耒＝鋤（すき）というフォークのような農具に，草（丰）がまとわりついている形。荒れ地を耕作地に開拓する様子を表す。【井＝丼→型や枠とする説もある】				耒を未と書く
★★★　（木）＋音符（冓）コウ。自然（木）の中でキャンプファイヤーの薪を組む（冓）→組み立てる様子とする。【「冓＝飾り紐」「冓＝かがり火を上下に組む形」「冓＝バランスよく木や竹を組む様子」などの説がある】				満との混同で１画足りない
			興	
★　机から足を出し（卅），両手（臼）で携帯ゲーム（同）に興じる様子とする。【両手（臼）＋一緒（同）＋両手（卅）→共に物事を立ち上げる様子」「酒器を持つ形」「両手で板に穴をあける様子」などの説がある】				臼の書き方が異なる
混	混	混	混	混
★　水（氵）＋音符（昆）コン。器（日）に入った液体（氵）をかき回す（比）→混ぜる様子とする。【「昆＝（日）の下に人（比）が集まり，入り交じる様子」「昆＝群がり集まる虫の様子」などの説がある】				比の書き方が異なる

漢字４コマ指導法				よくある書き間違い
★★ プレゼントの花束（十）を手（ヨ）で妻（女）に渡す様子とする。似た部分として「尹＝手で棒を持つ形」「聿＝手で筆を持つ形」もある。【（屮）＋手（又）＋（女）。「屮＝髪飾り」「屮＝はたき」などの説がある】				一が１画足りない
				採
★★★ 手（扌）＋音符（采）サイ。采＝手（爫）で（木）の実や芽を摘み取る様子。「爪→爫→爫＝つまむ手の形」は、「受・授・媛・暖・菜・将」などにも含まれる。字形と筆順を確実に習得させることが大切である。				桜との混同で爫のノが足りない
			罪	辠
★★ 法に背いた人（非）を牢獄の鉄格子（罒）の中に入れる→罪をつぐなわせる様子とする。【「非＝悪事・悪人」「非＝あやまち」「非＝翼が左右に背き合う形」などの説がある】				罒を日と書く
		雑	雑	雑
★ （木）の上にたくさん（九）の鳥（隹）が集まる→雑然としている様子とする。【旧字体は「雜＝衣＋集」。「いろいろな色の糸を寄せ集めて衣を作る様子」「多種な色彩の衣服」などの説がある】				隹の３画目をつなげて書く

基本アイテム

1年生の漢字

2年生の漢字

3年生の漢字

4年生の漢字

5年生の漢字

6年生の漢字

漢字４コマ指導法				よくある書き間違い
		酸	酸	酸
★□□□ 液体（酉）＋鼻をつまみ（ム）たくなるような足（夂）の臭い（儿）→鼻をつく酸っぱい臭いの様子とする。【酒の器（酉）＋（夋）。夋＝調和のとれた人（允）＋足（夂）とする説もある】				夂を又と書く
		賛	賛	賛
★★□□ たくさんの金貨を目の前にして二人の男が驚いている→称賛する様子とする。【旧字体は「贊＝（兟）＋財貨（貝）」。「兟＝２本の髪飾り」「兟＝足先をそろえる様子」「夫夫＝大人の男が並ぶ形」などの説がある】				貝を見と書く
★★★□ 手（又）で十字に組んだ木の棒（十）を持つ→支える様子とする。「支」は「枝・技」にも含まれる。【「十＝笹の葉を持つ形」「十＝个→竹の葉の形」「十＝木の枝」などの説がある】				十＋又と書く
	志	志	志	士
★□□□ 音符（止→士）シ＋（心）。「士＝立派な成年男子」とする説もあるが「志」は男女問わずのもの。「売」と同様に「出→士」と変化したものとし，（心）の中から湧き（出）る熱い思い→志す様子とする。				心を書かない

102

漢字４コマ指導法				よくある書き間違い
		識	識	識
★　言葉（言）＋（戠）。案内看板（言）＋ＢＧＭ（音）＋のぼり旗（戈）→イベントを認識してもらうための演出とする。【「戠＝飾りをつけた武器」「戠＝目印をつける様子」「戠＝言葉と印の棒」などの説がある】				音と戈に分けて書く
		謝	謝	謝
★　言葉（言）＋音符（射）シャ。手（寸）で促され，（身）を低くして謝る（言）→謝罪の様子とする。【「射＝緊張して張りつめていた心が緩む様子」「謝＝言葉を放つ，挨拶をする様子」などの説がある】				身の横画が１画足りない
			授	授
★★★　手（扌）＋受け渡す（受）。受＝爪（爫）＋ふた（冖）＋手（又）。「受」には「さずける・うける」の両方の意味があったが，のちに「さずける」を区別するために「扌」が加わった。【冖＝舟とする説もある】				又を夂と書く
		術	術	術
★★　（行）＋（朮）。朮＝イネ科の穀物（モチアワ・きび）。農作物や農具（行）＋穀物（朮）→農業のやり方，作業術の様子とする。【「朮＝くっついて離れない」「朮＝整然と行う手立て」などの説がある】				朮を木と書く

基本アイテム

１年生の漢字

２年生の漢字

３年生の漢字

４年生の漢字

５年生の漢字

６年生の漢字

漢字４コマ指導法				よくある 書き間違い
★□□□　水（氵）＋鳥（隹）＋止まり木（十）→飼育の準備をする様子とする。【「隼＝まっすぐに（十）飛ぶ鳥（隹）」「隼＝枝に止まる鳥」「準＝はやぶさの形をした水準器」などの説がある】				十を木と書く
★□□□　手（扌）＋音符（召）ショウ。手（扌）料理（刀）とそれを盛り付ける器（口）→客を招く様子とする。【「召＝刃物の曲線のように口で引き寄せる様子」「召＝祈りに応えて神が降りてくる様子」などの説がある】				刀を力と書く
★★□□　光り輝く宝箱と金の延べ棒（尚）＋財宝（貝）→功労に応じて褒美を与える様子とする。【「音符（尚）ショウ＋財貨（貝）」などの説がある】				学との混同でツと書く
★★□□　ベッド（爿）に横たわる（犬）→ペットの状態を見る様子とする。【旧字体は「狀＝音符（爿）ジョウ＋（犬）」。「爿＝工事の型」「爿＝細長くスマートなベッド」「爿＝すがた」などの説がある】				爿を扌と書く

104

漢字４コマ指導法				よくある書き間違い
			常	常

★★ 　輝く衣と帯（尚）＋前掛け（巾）→常にきれいにしている衣服の様子とする。【「煙が立ち上る窓（尚）＋布（巾）」「同じ幅の布」「丈が長く伸びた服」「下半身の着衣」などの説がある】

学との混同でッと書く

	制	制	制	制

★★ 　「ノ＝この位置で切り落とす矢印」とし，印（ノ）を付けた枝（木）を切り（刂）落とす→余分を切り捨て，形を整える様子とする。【伸びた枝（未）＋刃物（刂）→余分に伸びた枝を整える様子とする説もある】

横画が１画足りない

勢	勢	勢	勢	勢

★★★ 　根の生えた植物（坴）と芽の出た植物（土）の手入れに（力）を入れて取り組む人（丸）→勢いが増す様子とする。【「埶＝木を植えて手入れをする様子」「埶＝農具を使って耕す様子」などの説がある】

丸を九と書く

	税	税	税	税

★★ 　穀物（禾）＋汗水（ヽヽ）流して働く人（兄）→収穫した中から税を納める様子とする。【穀物（禾）＋中身を抜き取る（兑）→収穫した中から一部を抜き取って納める穀物のことを税とする説もある】

ヽヽの２画が足りない

基本アイテム

１年生の漢字

２年生の漢字

３年生の漢字

４年生の漢字

５年生の漢字

６年生の漢字

漢字４コマ指導法				よくある書き間違い
	抶	接	接	接
★□□□　手（扌）＋（妾）。赤ん坊がつかまり立ち（立）できるように手（扌）を差し伸べる（女）の子→人と接する様子とする。【「妾＝神に仕える女性」「妾＝貴人に仕える女性」「妾＝女性の罪人」などの説がある】				立を土と書く
	示	祖	祖	祖
★□□□　お供え物をのせる台（示→ネ）と墓石（且）→先祖を大事にする様子とする。【旧字体は「祖＝（示）＋（且）」。「且＝台の上にものを重ねる様子」「且＝供え物を置くまな板」などの説がある】				ネをネと書く
	総	総	総	総
★★□□　みんな（公）の（心）を束ねる（糸）→全部まとめて一つにする様子とする。【旧字体は「總」。「（糸）を束ねて一つにまとめる（悤）様子」「悤＝脳と心→いろいろな考えの集まる様子」などの説がある】				公のハをへと書く
	増	増	増	増
★★★□　（土）＋（曽）。曽＝鍋に蒸し器を重ねた形→幾重にも重なり，増える様子。「田」と「日」を逆に書く児童には，蒸し器（田）と蒸気を出す鍋（日）の位置関係をイラストで再確認させるとよい。【旧字体は「增」】				曽の田と日を逆に書く

漢字４コマ指導法				よくある 書き間違い
	屬	属	属	属

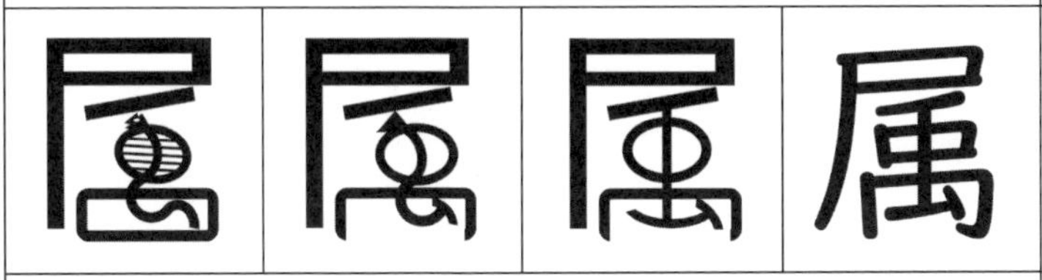

★ 建物（尸）の中で箱（冂）のふた（ノ）を開けたら，（虫）が出てきてびっくりする様子とする。【旧字体は「屬」。（尾）＋目玉の大きな虫（蜀）→離れない様子」「獣の雌雄が並ぶ様子」などの説がある】

ノを書かない

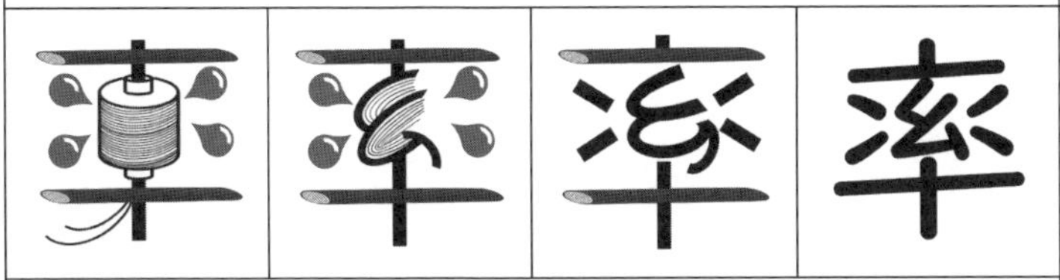

| | | | | 率 |

★★★ 上下の棒（亠十）で洗った糸束（玄）を一つにまとめてしぼる→全体を束ねる様子，先頭に立ちリードする様子。【「分散するものを糸（玄）でまとめて引っぱる（十）様子」「捕鳥あみの象形」などの説がある】

亠を十と書く

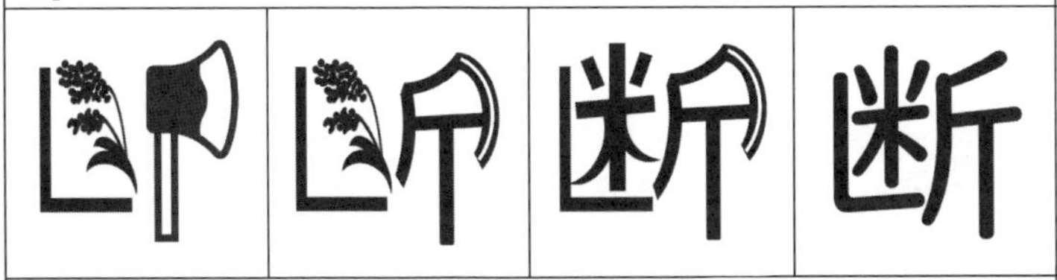

| | | | 断 | 斷 |

★★★ 現在の字形は「米」なので，刃物（斤）で稲の実の部分（米）と藁に分ける→断ち切る様子とする。【旧字体は「斷」。はた織りの糸を斧（斤）で切断する→つながりを絶つ様子】

匸と書き，１画多い

| | | | 築 | 築 |

★★ 音符（筑）チク＋（木）。凡＝丮→両手を前に出している様子。資材（竹と木）を工具（工）で打ち付ける（凡）→建築する様子とする。【筑＝竹の棒で突き固める→基礎工事の様子とする説もある】

凡を几と書き，点が足りない

右側縦書きタブ：基本アイテム／１年生の漢字／２年生の漢字／３年生の漢字／４年生の漢字／５年生の漢字／６年生の漢字

漢字４コマ指導法				よくある書き間違い
		程	程	捏
★□　穀物（禾）＋音符（呈）テイ。穀物（禾）＋器（口）＋目盛り（王）→分量や程度を表す様子とする。【「呈＝器（口）＋つま先で立つ人（壬）」「呈＝まっすぐ（壬）に分量を示す（口）様子」などの説がある】				禾をまと書く
		堂	堂	堂
★□　光輝く建物と仏像（尚）＋土台（土）→本堂の様子とする。【「（尚）＋土台（土）」「尚＝空気の出入りする窓（向）＋分かれる（ハ）＝空気が広がる広々した建物」「尚＝神をまつる窓」などの説がある】				学との混同でッと書く
		導	導	道
★□　音符（道）ドウ＋手（寸）。（首）の長いキリンを手（寸）招きしながら道を行く（辶）→先導する様子とする。【「道＝ある方向に延びる（首）＋ルート（辶）」「道＝はらい清めながら進む様子」などの説がある】				寸を書かない
		得	得	得
★★□　（イ）＋音符（旱）トク。出掛けた（イ）先で，お得な器（旦）を手（寸）に入れる様子とする。【「旱＝財貨（貝）＋手（寸）→財貨を手に入れる様子」「旱＝（見）＋（寸）→取る様子」などの説がある】				日の下の一が足りない

コピーして使える漢字指導プリント

漢字4コマ指導法	よくある書き間違い
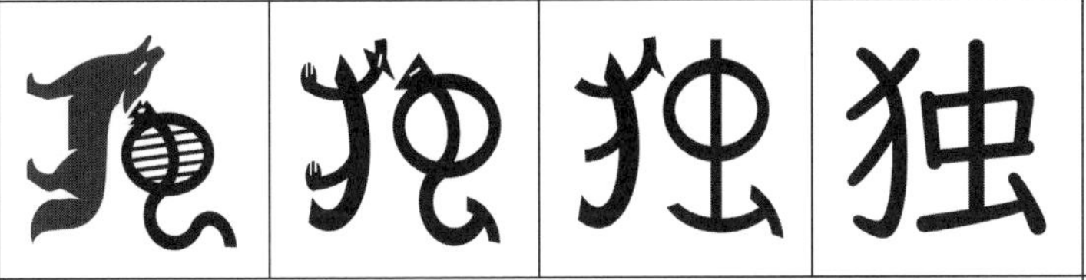 独 → �	 犭を扌と書く

★ 一匹狼（犭）と群れない蛇（虫）→孤独な生き物の様子とする。【旧字体は「獨＝獣（犭）＋（蜀）」。「蜀＝雄の獣→群れない様子」「蜀＝一つの場所から離れない様子」「蜀＝不快な芋虫」などの説がある】

 燃

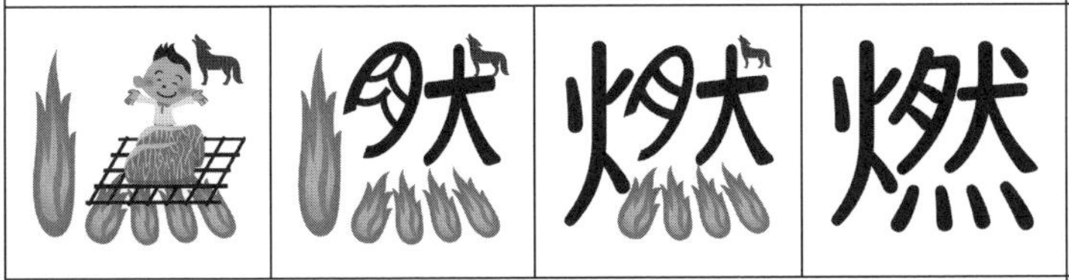

★★ バーベキューパーティー（火灬）で肉（月）を焼く人（大）と同伴の犬（丶）とする。【生贄の（犬）の（肉→月）を焼く（火灬）様子とする説もあるが，ペットを想起して残酷に感じる児童もいる】
月を夕と書く

 犯

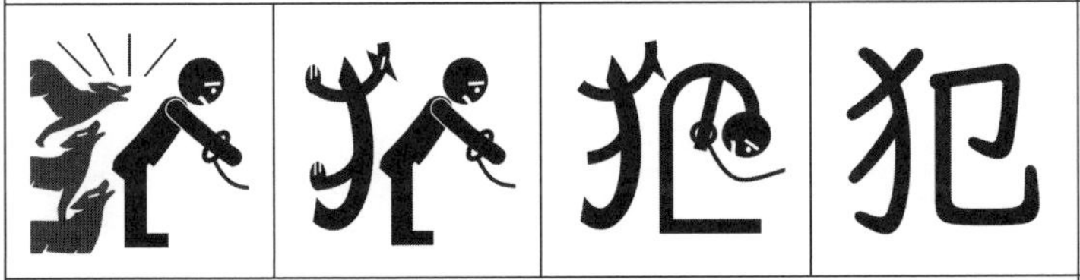

★ 獣（犭）＋うなだれる人（㔾）。番犬（犭）に吠えられてつかまり，うなだれる犯人（㔾）とする。「枠を突き破り，手に負えない犬」「飼い主に叱られ，うなだれる犬」「犬がはびこる様子」などの説がある】
㔾の書き方が異なる

 版

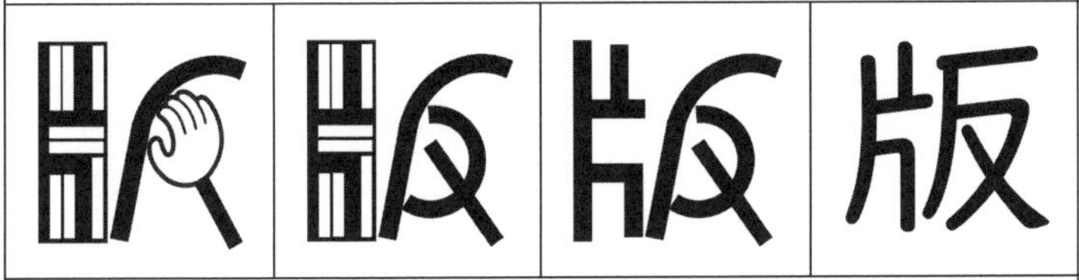

★ 薄い板（片）＋音符（反）ハン。彫刻刀で彫った版木（片）に紙を押しあてて刷る（反）→版画を刷る様子とする。【土を突き固めるために両側に立てる木の板とする説もある】
片の1画が足りない

基本アイテム / 1年生の漢字 / 2年生の漢字 / 3年生の漢字 / 4年生の漢字 / 5年生の漢字 / 6年生の漢字

漢字４コマ指導法				よくある書き間違い
				肥
★★　肉体（月）＋体が重くてひざまずく人（巴）→肥える様子とする。「巴」は，「色・絶」にも含まれる。【「肉（月）＋己→太る」「巴＝太った人の象形」などの説がある】				巴の２画目を横に書く
★★★　財貨（貝）が煙のように消えて（弗）いく→お金を使う様子とする。【「弗＝ない」「弗＝湯気と川の流れ」「弗＝からみつく蔓を払いのける様子」などの説がある】				弟との混同で弗の書き方が異なる
			備	
★★　武者（イ）＋釜とふた（廿一）＋矢を入れる背負いかご（ノ用）→戦闘に備えて食料と矢を用意する武者の様子とする。【人（イ）＋矢を運ぶために背負うかごである「箙（えびら）」の象形（用）とする説もある】				編との混同で用を冊と書く
★★★　分ける・分散する（分）＋財貨（貝）→財貨が乏しくなる様子。「分」の「ハ」を「ヘ」と書く児童がいるが，「ヘ」や「△」（金・全・今・合・会・命・倉など）とは，意味も形も異なることを指導するとよい。				今との混同でハをヘと書く

漢字４コマ指導法					よくある 書き間違い
					備との混同で 冊を用と書く

★★★ ひも（糸）＋音符（扁）ヘン。扁＝扉（戸）＋綴られた木簡や竹簡（冊）→順序よく書物を綴じる様子。「冊」と「用」を混同しやすい。「冊＝書物」「用＝かご」を押さえるとよい。【扁＝網戸とする説もある】

| | | | | | 莫の大の形が
異なる |

★ お供えする花（艹）＋墓石（日）＋拝む両手（廾）＋（土）→墓参りをする様子とする。「草むらに日が沈む様子（莫）＋（土）」「暗い地下に造った墓」などの説がある】

| | | | 報 | 報 | 皮との混同で
殳の書き方が
異なる |

★ 「幸＝両手を広げる人（大→土）と財貨（¥）」とし，（幸）＋頭を下げる人＋手（殳）→恩に報いる様子とする。「手錠・手かせ（幸）＋（殳）」「殳＝手で押さえつける」「殳＝従う」などの説がある】

| | | | 豊 | 豊 | 曲を由と書く，
または田と書
く |

★★★ 収穫物（曲）をお供え（豆）して，今年の豊作を感謝する様子。【旧字体は「豐」。「山盛りの穀物（丰丰山）＋高坏（豆）→豊作を神に感謝する様子」「甘酒を盛るための高坏の象形」などの説がある】

漢字４コマ指導法				よくある書き間違い
			貿	貿
★★★　音符（卯）ボウ＋財貨（貝）。財貨（貝）を介して，分けたもの（卯）を相手とやりとりする様子とする。【「卯＝閉じたものを左右に開く様子」「卯＝２つに分ける→交換する様子」などの説がある】				卯のヽが足りない
			暴	暴
★★　器（日）と鍋を手に持ち（共），一度に運ぼうとして水が飛び散る（氺）→手荒に扱う様子とする。【「氺＝しずくが垂れる様子」「氺＝米→天日に穀物をさらす様子」などの説がある】				日を田と書く
			脈	脈
★★★　肉体（月）＋（厎）→本流から枝分かれして，体の中をめぐる血管の様子。「厎」を整えて書くことが難しい児童が多い。まずは，２，４，６画目の方向（左・真ん中・右）を確認してから全体を書かせるとよい。				厎の書き方が異なる
			務	務
★★★　武器（矛）＋叩く（攵）＋（力）→困難な仕事にも力いっぱい立ち向かう様子。【「無理を強いる（敄）＋（力）→困難を克服しようと突き進む様子」「（矛）で迫り（攵）農耕（力）させる様子」などの説がある】				矛を予と書く

漢字４コマ指導法				よくある 書き間違い

★★★　ベッド（爿→艹）＋目（罒）＋布団（冖）＋夜（夕）→夢を見る様子とする。【「まつげ（艹）＋（目）＋覆い（冖）＋夜（夕）」「巫女が夜に夢を操る様子」「角のある人が寝台に寝ている様子」などの説がある】 | 冖が足りない |

| | | | | |

★　（車）＋音符（俞）ユ。屋内（亼）で切り（刂）分けた肉（月）を（車）に乗せて運ぶ→輸送の様子とする。【「俞＝丸太（月）＋工具（亼）＋削りかす（刂）」「俞＝手術で患部を取る様子」などの説がある】 | 亼を𠆢と書き，１画足りない |

| | | | | |

★　「貿」と同様に，分けたもの（卯）を相手とやりとりするために（田）んぼで待つ→その場に留まる様子とする。【「たまり水（卯）＋（田）→水が留まる様子」「田を流れる水が止まる様子」などの説がある】 | 丶が足りない |

| | | | 歴 | 歴 |

★　崖（厂）下の（林）にある史跡に足を（止）める様子とする。【旧字体は「歴」。「軒下に作物を順序よく並べる（秝）＋通過する（止）」「崖下の旗印（秝）＋進む（止）」「次々に巡り歩く様子」などの説がある】 | 厂を广と書く |

基本アイテム

1年生の漢字

2年生の漢字

3年生の漢字

4年生の漢字

5年生の漢字

6年生の漢字

06　6年生の漢字解説表

6年生の傾向と攻略ポイント

【6年生配当漢字(191字)】　　　　　　□＝本書で扱う漢字（92字）

胃 異 遺 域 宇 映 延 沿 恩 我 灰 拡 革 閣 割 株 干 巻 看 簡 危
機 揮 貴 疑 吸 供 胸 郷 勤 筋 系 敬 警 劇 激 穴 券 絹 権 憲 源
厳 己 呼 誤 后 孝 皇 紅 降 鋼 刻 穀 骨 困 砂 座 済 裁 策 冊 蚕
至 私 姿 視 詞 誌 磁 射 捨 尺 若 樹 収 宗 就 衆 従 縦 縮 熟 純
処 署 諸 除 承 将 傷 障 蒸 針 仁 垂 推 寸 盛 聖 誠 舌 宣 専 泉
洗 染 銭 善 奏 窓 創 装 層 操 蔵 臓 存 尊 退 宅 担 探 誕 段 暖
値 宙 忠 著 庁 頂 腸 潮 賃 痛 敵 展 討 党 糖 届 難 乳 認 納 脳
派 拝 背 肺 俳 班 晩 否 批 秘 俵 腹 奮 並 陛 閉 片 補 暮 宝 訪
亡 忘 棒 枚 幕 密 盟 模 訳 郵 優 預 幼 欲 翌 乱 卵 覧 裏 律 臨
朗 論

初出の部首や部分(約20)【基本アイテム(0)】【その他】丩毛尤屯乎亥束釆虍
承呉甫斉垂並革など

　初出の部首や部分は少ないですが,「尤・屯・亥・釆・承・垂」など,字形を整えにくく習得に時間の掛かるものがあります。また,「域・城」「熟・熱」「署・暑」「暮・墓」など,既習漢字と混同しやすい字形の漢字があります。部首や部分の違いに注目させ,点画の意味を考えて判断できるようにすることが大切です。日常的に使う場面の限られる漢字が多くなるため,漢字クイズやゲームなどで意図的に慣れ親しませるとよいです。

漢字４コマ指導法				よくある 書き間違い
★★ 田畑（田）の様々な収穫物を両手で捧げ持つ（共）→異なる収穫物の様子とする。【「お供え（田）を両手で捧げ持つ（共）様子」「鬼や神の面（田）を着けた人が両手を挙げる（共）様子」などの説がある】				暴との混同で田を日と書く
			域	域
★★★ 土地（土）＋音符（或）イキ。或＝城壁で囲まれた土地（囗）＋境界線（一）＋武器（戈）で守る→限られた範囲の土地を表す。もっと広範囲の領域を表す漢字が「國（国の旧字体）」である。				減との混同で一と口の位置が逆
				廷
★★★ 「廴」＝「彳」を長く引き伸ばした形→長い距離の道。長い道（廴）をまっすぐ（一）に歩く（止）様子。似た字形の「廷」は「宮廷の階段前の中庭（廴）に，まっすぐ背を伸ばして立つ人（王→壬）」を表す。				庭との混同で延を廷と書く
★★★ 獣の皮を頭から尾まではいで広げた象形。「革」は「皮革」という意味だけでなく，「改」と同じ「あらためる」という意味ももつため，「改革」「革命」「革新」などの熟語にも含まれる。				帯との混同で廿が１画多い

漢字４コマ指導法				よくある 書き間違い
			株	枒
★★ （木）＋音符（朱）シュ。朱＝この位置で切り倒す印（ノ）＋幹（木）→切り倒して残った株を表す。【「朱＝幹に印を付けた形」「朱＝切り口のあかい色」などの説がある】				朱を失と書く
				巻
★★ 両手（𠃍）＋巻き尺（己）→手で巻き上げる様子とする。【旧字体は「卷」。「両手（𠃍）で巻いて丸める（己）様子」「体をまるめる（𠃍）＋ひざまずく人（己）」などの説がある】				春との混同で横画が１画多い
				看
★★ （手）＋（目）。目視に加えて，手で触って発熱の具合を見ながら看病する様子。【「（手）を（目）の上にかざして見る」「（手）をかざして太陽をさえぎって見る（目）」などの説がある】				目を日と書く
	危	危	危	危
★★★ 崖下で包帯を巻いてうずくまっている人（厄）を上から覗き込んでいる人（ク）→危険な様子とする。【「崖の上にいる人＝危うい様子」とする説もある】				厂と巳の画の曲げ方が異なる

漢字４コマ指導法				よくある書き間違い
		貴	貴	貴
★ 王冠（中）と台座（一）＋財貨（貝）→貴重なものがある様子とする。【古い字形は「（臾）＋財貨（貝）」。「臾＝満ちる様子」「臾＝両手で捧げ持つ様子」「臾＝両手で物を贈る様子」などの説がある】				中の下の横画が足りない
				疑
★ 後ろを指す人（ヒ）＋前を指さす人（矢）＋抱え込む手（マ）＋走る人（疋）→本当にその方向に進んでよいのかを疑っている人の様子とする。【杖をつく人がどちらに行くべきか迷う様子とする説もある】				予との混同で１画足りない
			吸	叺
★ 吸う（口）＋音符（及）キュウ。及＝人が空気を吸う様子とする。筆順は「丸」と同様で「ノ→乃→及」と書く。【「及＝人＋手（又）→追いつき届く様子」「及＝取り込む様子」などの説がある】				及を乃と書く
		胸	胸	胸
★★ 肉体（月）＋横を向く人（勹）＋胸に両手を重ねる（凶）→ほっと胸をなでおろす様子とする。【「凶＝魔除けのメを書き込んだ形」「凶＝かごの形」「凶＝肋骨に囲まれた空所」などの説がある】				凵が足りない

漢字４コマ指導法				よくある書き間違い
		郷	郷	郷
★ 　とがった山（彡）と丸い山（阝）に囲まれた，ふるさとに思いをはせる人（艮）の様子とする。【旧字体は「鄕」。料理（皀）を挟んで人と人が向かい合う様子→ふるさとに心が向かうことを表す】				良との混同で１画多い
	堇ヵ	堇力	勤	勤
★ 　（莫＋土→堇）＋（力）。植物（艹）＋農具と畑の畝＋力作業（力）→農作業に力いっぱいに勤める様子とする。【「堇＝粘土を塗り込む様子」「堇＝尽きる，わずかになる様子」などの説がある】				横画が１画足りない
	筋力	筋	筋	莇
★★★ 　竹の繊維のようなすじ（竹）＋肉体の中を通るすじ（月）＋（力）」→筋肉を表す。「月（にくづき）」の漢字が「胃・胸・骨・臓・腸・脳・肺・腹」と６年生に多く配当されている。まとめて指導するとよい。				竹を艹と書く
	敬	敬	敬	
★★ 　草むら（艹）で，叩く人（攵）から，体を丸めて（勹）宝箱（口）を守る→大事にする様子とする。【「苟＝身を引き締める人」「苟＝特別な髪型にして神に祈る様子」などの説がある】				攵を欠と書く

漢字4コマ指導法				よくある書き間違い
	劇	劇	劇	劇

★★★　虎（虍）＋猪（豖）＋刀（刂）→獣との激しい戦いを芝居で演じる様子。画数の多い漢字だが、1画ずつ「虎の模様（虍）」「猪（豖）の足」「尻尾」などと唱えながら書かせるとよい。	广との混同で1画足りない

| | | 激 | 激 | 激 |

★★　ひどく叩かれ（攵），四方八方（方）に器から水が飛び散る（泊）→激しい様子とする。【水（氵）＋白い光（白）＋発散する（放）」「白放→はげしく叩く様子」などの説がある】	攵を欠と書く

| | 券 | 券 | 券 | 券 |

★★　手に持った切符（𠔉）に入場の印のはさみ（刀）を入れる様子とする。「力」と書く児童には「力づくでは破れちゃうよ」と声を掛けるとよい。【刃物（刀）で文字を刻み，両手（𠔉）で割った手形とする説もある】	刀を力と書く

| | | 憲 | 憲 | 憲 |

★★　建物（宀）＋（目）で見て（心）に刻む（丯）大事なもの→社会秩序を維持するための「おきて」とする。【「丯＝断ち切る様子」「丯＝刑罰」などの説がある】	土との混同で1画足りない

基本アイテム

1年生の漢字

2年生の漢字

3年生の漢字

4年生の漢字

5年生の漢字

6年生の漢字

漢字４コマ指導法				よくある 書き間違い
		厳	厳	厳

★★ 「ッッ＝３つ並んだ岩」とし，岩（ッッ）＋崖（厂）＋手（丁）＋（耳）＋叩く人（攵）→厳しく言い聞かせる様子とする。【旧字体は「嚴」。「口口＝言い立てて責める様子」とする説もある】

耳の上にある
丁が足りない

★ （口）＋音符（乎）コ。乎＝両手を口の脇に添えて大声を出す人→呼ぶ様子とする。【「乎＝言葉を長く引き伸ばす様子」「乎＝音を鳴らして呼ぶ道具である鳴子の形」などの説がある】

于との混同で
乎の２画が足
りない

				誤

★ 言葉（言）＋音符（呉）ゴ。呉＝手を曲げて間違いを詫びる人→自分の誤りを伝える様子とする。【「呉＝首をかしげる様子」「呉＝神がかりの状態で巫女が舞う様子」「呉＝食い違う様子」などの説がある】

呉を口ユハと
書く

				考

★★ 年老いた人（大→耂）＋杖（ノ）＋（子）→子が老いた親に尽くす姿，孝行する様子とする。【耂＝髪の毛の長い老人の姿である「老」を省略した形とする説もある】

似ている字形
の考との混同

漢字４コマ指導法				よくある 書き間違い
	隆	降	降	降
★★★　はしご（阝）＋足（夂）＋足（キ）→高い所から降りる様子とする。【崖などの高い所（阝）から足で降りる（夅）様子」「神聖な場所からはしごを使って神が上り下りする様子」などの説がある】				夂を攵と書く
	刻	刻	刻	刻
★★★　猪（亥）を刀（刂）で刻む様子。斜めの画が多い「亥」を整えて書けない児童も多い。「鼻→顔→胸→前足→後足→尾」と唱えながら書かせるとよい。【ギザギザ（亥）に切る（刂）様子とする説もある】				亥を玄と書く
	穀	穀	穀	穀
★★　殻（𣪊）の付いた稲や麦（禾）を，手に持った棒で叩いて（殳），中の実を取り出す（出→士）様子とする。叩いたあと，実のない空っぽの状態になるのが「殻（中学校配当漢字）」。				一を書かない
		骨	骨	骨
★★　肉牛の頭骨の形（冎）＋肉（肉→月）。「過（５年生）」にもある「冎」の３，４画目を右上や左下に書く間違いが多い。イラストをもとに「頭蓋骨の右の眼窩」であることを繰り返し強調するとよい。				３，４画目の 位置が異なる

基本アイテム

１年生の漢字

２年生の漢字

３年生の漢字

４年生の漢字

５年生の漢字

６年生の漢字

漢字４コマ指導法				よくある 書き間違い
	座	座	座	座
★★　　建物（广）＋音符（坐）ザ。建物の中で地面に座る状況は考えにくいため，「土＝衝立のあるテーブルの形」とする。【「坐＝地面（土）で向かい合う２人（从）」「坐＝すわる」などの説がある】				广を厂と書く
		済		済
★　　　水（氵）＋音符（斉）サイ。「斉＝帯をしめた着物の形」とし，衣装をクリーニングする→物事を済ませる様子とする。【「川を無事に渡る様子」「流量を調節する水門の形」などの説がある】				斉を文＋月と書く
		裁	裁	裁
★　　　（𢧐）＋（衣）。「𢧐＝はた織り機の形」とし，衣服（衣）を作るために，織り上げた布をはさみで断ち切る（𢧐）→裁く，裁つ様子とする。【𢧐＝断ち切る（才）＋武器（戈）とする説もある】				𢧐を土＋戈に分けて書く
	策	策	策	策
★★　　隙間なく並べた柵（竹）＋とげのある木（朿）→敵の侵入を防ぐ対策の様子とする。【「（竹）＋ぎざぎざに尖らせる（朿）→先がぎざぎざでふぞろいな竹簡の様子」「馬を操るむちの形」などの説がある】				朿を束と書く

漢字4コマ指導法				よくある 書き間違い
				私
★★★ 稲や麦（禾）＋囲い込む手（ム）→自分だけのものにする様子。「公私」の「公（2年生）」は，囲い込んだもの（ム）を分ける（ハ）→みんなで分け合う様子である。【ム＝耕作の道具の形とする説もある】				禾を木と書く
				視
★★★ 神に捧げるための台（示→ネ）＋（見）る→まっすぐに見る様子。「見」よりも，「視」は「心を込めて見る・注視する」という意味が強くなる。【目に見えない神をじっと見ようとする様子とする説もある】				ネをネと書く
		磁	磁	磁
★★ （石）＋両手で持った棒磁石（丷）の両極に，砂鉄が糸（幺幺）のようにつながる→磁力の様子とする。【「（石）＋黒い糸束を並べた（茲）様子」「小さなもの（石）が，つながり増える（茲）様子」などの説がある】				丷を艹と書く
捨	捨	捨	捨	拾
★★ 手（扌）＋音符（舍）シャ。舍＝屋根（ヘ）＋人（大→土）＋ごみ箱（口）→家の不要物を捨てる様子とする。【「手を緩めて握ったものを放る様子」「器を突き刺して捨てる様子」などの説がある】				似た字形の拾 との混同

基本アイテム

1年生の漢字

2年生の漢字

3年生の漢字

4年生の漢字

5年生の漢字

6年生の漢字

漢字4コマ指導法				よくある書き間違い
	樹	樹	樹	樹

★★　（木）＋植樹用の苗（十）＋容器（豆）＋手（寸）→植樹の様子とする。【「壴＝まっすぐ立てる様子」「壴＝太鼓を打ち鳴らす様子」などの説がある】

口と䒑の位置が反対

| | 收 | 收 | 収 | 收 |

★★★　手（又）で2本の縄をよじって1本にする（丩）→物事を収める様子とする。【「罪人を縄（丩）で捕らえる（又）」「強制的に（攴）でからめとる（丩）」などの説がある】

又を女と書く

| | | | | |

★★★　建物（宀）＋神に捧げるための台（示）→信仰や先祖を大事にする様子とする。【神事（示）の行われる家屋（宀）→祖先をまつる一族の長の様子とする説もある】

貯との混同で示の1画目がない

| | | | | |

★　都（京）＋（尤）。「尤＝足を曲げた人」という漢字があることから，都（京）＋膝をつく人（尤）→都で仕事に就く様子とする。【「尤＝手招きする様子」「尤＝倒れた犬の形」「手指のいぼの形」などの説がある】

尤を犬と書く

漢字４コマ指導法				よくある書き間違い
		衆	衆	喪

★★　あふれるほどの噴水（血）にたくさんの人（乑）が集まる様子→大衆・民衆とする。【旧字体は「眾＝多くの人（イ从）＋（罒）」。「罒＝太陽」「罒＝村落」などの説がある。「血」は「罒」が誤変化した形】

よくある書き間違い：乑を衣のように書く

| | | 熟 | 熟 | 熱 |

★★　火（灬）にかけた鍋と子（享）をかがんで見る人（丸）→料理が熟す様子とする。まさに「赤子が泣いてもふた取るな」である。【供え物（享）＋手に持つ（丮→丸）＋火（灬）とする説もある】

よくある書き間違い：熱との混同で享を土＋子と書く

| | | | 純 | 純 |

★★★　蚕から取れた混じりけのない生糸（糸）＋髪結びをした幼い少女（屯）→純粋な子どもの様子とする。【「屯＝結びとめた房飾り」「屯＝種が芽を出す形」などの説がある】

よくある書き間違い：策との混同で屯の凵を冂と書く

| | | 処 | 処 | 処 |

★★★　歩いてきて立ち止まり（夂），腰掛けて（几）休む→ある場所に落ち着く様子とする。【旧字体は「處」。「虎が腰かけている様子」「足あと（夂）＋腰掛（几）」「台（几）から降りる（夂）様子」などの説がある】

よくある書き間違い：夂をえと書く

基本アイテム

１年生の漢字

２年生の漢字

３年生の漢字

４年生の漢字

５年生の漢字

６年生の漢字

	漢字４コマ指導法			よくある 書き間違い
		承	承	承

★★★　座っている人を両手で捧げ上げる（氶）＋（手）。「承」にある２本の手に，さらに１本の手が加わった字。つまり，たくさんの手で尊い人を捧げ挙げている→上位の人から頼まれたことを謹んで行う様子を表す。

横画が１画足りない

| | | | | 捋 |

★　　将棋盤（爿）＋手（爫）＋手（寸）→２人で将棋をさしている様子とする。【旧字体は「將」。「爿（爿）＋捧げ物の肉（月）＋手（寸）」「（醬の省略形）＋（寸）→統率する」などの説がある】

爿を扌と書く

| | | | 傷 | 傷 |

★　　人（イ）に矢（𠂉）が当たり，薬箱（日）が必要なほど傷を負い，出血（一勿）している様子とする。【「人（イ）＋矢（𠂉）＋威勢よくあがる（昜）」「霊力をもつ玉が放つ光を妨げる様子」などの説がある】

𠂉を書き忘れる

| | | | | |

★★　　火（灬）と蒸気（烝）で植物（艹）を蒸す様子とする。「一」を書き忘れる児童には「一＝水がないと蒸気が出ないよ」と声を掛けるとよい。【麻の皮（艹）＋両手ですくう（烝）＋火（灬）とする説もある】

烝の横画の位置が異なる

漢字４コマ指導法				よくある 書き間違い
	垂	垂	垂	垂

★★★ 植物の葉が垂れ下がる様子。水分がなくなり，ぐったりとしている花のイラストで「垂れる」イメージをもたせる。児童には筆順の難しい字。「乗」と一緒に再確認するとよい。【大地の果ての様子とする説もある】

重との混同で横画が１画多い

		推	推	推

★★★ 手（扌）＋飛ぼうとする鳥（隹）。害鳥駆除を行う鷹匠は，思いっきり手（扌）でスローイングし，鷹（隹）を加速して飛翔させる。そのことを話してから「物事を推し進める」というイメージをもたせるとよい。

隹の３画目を縦にまっすぐ書く

			盛	盛

★★★ 音符（成）セイ＋（皿）。成＝まさかり（戌）＋釘（丁）→仕上がる様子。そこから，完（成）したものを（皿）にのせる→盛り付ける様子とする。【「成＝盛んな様子」「成＝満たす様子」などの説がある】

点が足りない

★★★ 人の言葉（口）がまっすぐ（耳）に届く人（王）→知徳のある人，理解が速く賢い人とする。【「（耳）＋言葉（口）＋まっすぐ背を伸ばして立つ人（壬→王）」「神の声を耳にすることができる人」などの説がある】

王を土と書く

基本アイテム

１年生の漢字

２年生の漢字

３年生の漢字

４年生の漢字

５年生の漢字

６年生の漢字

漢字４コマ指導法				よくある 書き間違い
		専	専	
★★★ 糸（一由）をひたすら手（寸）で巻き取る→一つのことに集中する様子。【旧字体は「專」。「糸を丸く巻き取る（叀）＋手（寸）」「袋の中に物を入れ（叀），手（寸）でうち固める様子」などの説がある】				博との混同で点が多い
		銭	銭	銭
★ お金（金）＋貨幣の穴に糸を通して持ち歩いた昔の人の様子とする。【旧字体は「錢」。金属（金）＋農具（戔と戔）。「農具で削って小さくしたもの」「薄いものを積み重ねた形」などの説がある】				戈と書き，２画足りない
★ 「立派な行いだ」と，褒め言葉をたっぷり（羊）と草むら（艸）で（口）にする→善行を称える様子とする。【旧字体は「譱」。「捧げ物（羊）＋神に誓う（言）」「姿がよい（羊）言う（言）」などの説がある】				美との混同で縦画が突き出ない
★★ 天使（天）が笛を両手（夬）で演奏する様子とする。【「両手（夬）で神に玉串（丰）を捧げる様子」「両手（廾）で勧める（夲屮）様子」などの説がある】				天を夫と書く

漢字４コマ指導法				よくある 書き間違い
	装	装	装	装

★★ 音符（壮）ソウ＋着物（衣）。台（壮）の上に出して（出→士）ある衣装（衣）を身にまとう→身なりを整える様子とする。【「壮＝すらりとした男」「壮＝立派な男子」「壮＝包みしまい込む様子」などの説がある】 / 壮を壮と書く

| | | | 層 | 層 |

★★★ 建物（尸）＋鍋に蒸し器を重ねた形（曽）→何層も重なる様子。日と田を逆に書かないように，蒸し器（田）と鍋（日）の位置を印象づけるとよい。【旧字体は「層」。屋根の重なった建物とする説もある】 / 曽の田と日の位置を逆に書く

| | | 操 | 操 | 操 |

★★★ 手（扌）＋（品）＋（木）。手（扌）で（木）の上にいるひな鳥たち（品）に餌をやり，手なづけている→操る様子とする。【「品＝口々に鳴く鳥」「品＝多くの器」などの説がある】 / 扌を木と書く

| | | 蔵 | 蔵 | 蔵 |

★★★ 草むら（艹）＋見張り役（臣）＋武器（戉）→収める・隠す様子とする。【「草むら（艹）＋まさかり（戉）＋家臣（臣）＝大事なものをしまい込む様子」「家来が草むらに隠れている様子」などの説がある】 / 点が足りない

基本アイテム

１年生の漢字

２年生の漢字

３年生の漢字

４年生の漢字

５年生の漢字

６年生の漢字

漢字４コマ指導法				よくある書き間違い
★★ あふれるほどたくさんの酒が入った樽（酋）を手（寸）で大事に持ち上げる→大事にする・敬う様子とする。【酒樽（酋）を手（寸）で持ち，神に捧げる様子とする説もある】				酋の横画が１画足りない
★ 道（辶）＋後ずさり（艮）で田植えをする様子→引き下がる様子とする。「器を持ち，後ずさり（艮）で道（辶）を行く様子」「日と引きずる足（艮）＋道（辶）＝日が西の空に下がる様子」などの説がある】				良との混同で１画多い
★ 人生は長い旅路のようなもの。長い距離の道（廴）＋まっすぐ（一）＋歩く（止）＋おめでとうと祝ってもらう（言）→誕生日の様子とする。【言葉（言）＋のばす（延）→嘘・偽る様子とする説もある】				庭との混同で延を廷と書く
★★★ 道具で叩いて（殳），上り下りできる段を作る様子→階段とする。【崖や斜面に切れ目をつける（殳）様子」「石を重ねて階段を組む様子」「層のある段石を手で打ち（殳），薄くする様子」などの説がある】				１画足りない

漢字４コマ指導法	よくある書き間違い

★★　太陽（日）＋（爰）。爰＝手（爫）＋「ああ。暖かいなあ」と感嘆の声をもらす（于）＋手（又）→暖かい日差しに手をかざし，声をもらす様子とする。【「爰＝手と手で緩める様子」「爰＝渡る様子」などの説がある】	爫と友の間の一が足りない

★★　怪我をしてベッドで寝ている（疒）人に，桶（甬）の水で手当てをする→痛がる様子とする。【「甬＝痛みが体を通り抜ける様子」「甬＝手桶の形」「甬＝板に釘を突き通す様子」などの説がある】	疒を冫と广に離して書く

★　（帝＋口→啇）＋叩く人（攵）。包囲した相手（口）を（帝）の軍隊が叩く（攵）→敵と戦う様子とする。【「啇＝一筋にまとめる様子」「啇＝中心に寄る様子」「啇＝水滴がまっすぐに落ちる様子」などの説がある】	南との混同で十と書く
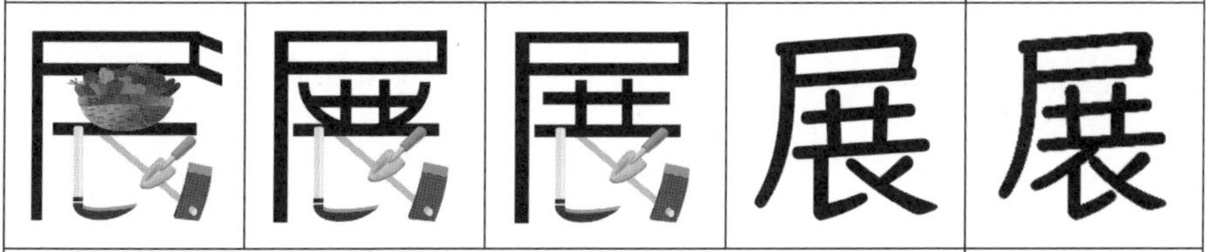	
★　建物（尸）の中に農具を並べる→広げる様子とする。「表・衣」と混同しないよう指導するとよい。【「死装束の胸元を広げる様子」「重しを衣の上に並べて伸ばす様子」などの説がある】	表との混同で1画多い

漢字4コマ指導法					よくある書き間違い
		届	届	届	由を田と書く
★□　建物（尸）＋プレゼントの箱（由）→届ける様子とする。【旧字体は「屆」。「人（尸）＋土の塊（出）→つかえて進めない様子」「死者（尸）を土深く埋める（由）様子」「出＝至る様子」などの説がある】					由を田と書く
		難	難	難	勤との混同で左側が異なる
★□　（菓）＋鳥（隹）。草むら（艹）で双眼鏡（口口）を手にした男（夫）が鳥（隹）を見る→とても難しい様子とする。【「菓＝革をあぶる様子」「菓＝火のついた矢」「菓＝災いにあって祈る巫女」などの説がある】					勤との混同で左側が異なる
					脳との混同で⺍を⺍と書く
★★★　母が手（⺍）で（子）を抱き，乳（乚）を与える→授乳する様子。【「子を上からかばう（孚）＋乳房（乚）」「孚＝卵をかえす様子」「乚＝燕の飛翔する様子」などの説がある】					脳との混同で⺍を⺍と書く
		脳	脳	脳	乳との混同で⺍を⺍と書く
★★★　「⺍＝3本並んだ髪の毛」とする。肉体（月）＋髪の毛（⺍）＋脳（乂）＋頭蓋骨（凵）→頭髪と頭蓋骨の中にある脳の様子。【旧字体は「腦」。凶＝まだ上部が開いている乳児の頭部とする説もある】					乳との混同で⺍を⺍と書く

漢字4コマ指導法				よくある書き間違い
				辰の書き方が異なる

★★★ 水（氵）＋本体から分かれる（辰）→水が枝分かれして流れる様子。同じ部分をもつ「脈」は，血液が枝分かれして体の中を流れる様子。逆に，「永」は水が支流から本流に流れ込んでくる様子を表す。

| | | | | 丰が1画足りない |

★★ 手（扌）＋地平線（一）＋手（丰）→手と手を合わせて，日の出を拝む様子とする。【旧字体は「拜」。「丰＝供え物の玉串」「丰＝枝のしげった木」などの説がある】

| | | | | 北を比と書く |

★★★ 背中合わせの2人（北）＋肉体（月）→人の体の後ろ側，「せ」の部分。「北」だけでも「そむく」という意味を表す。そこに「にくづき（月）」を加えて，人の体を強調している。

| | | | | 扌を書かずに比と書く |

★★ 手（扌）＋音符（比）ヒ。比＝同じ向きに並ぶ2人→複数の物事を比べて，良し悪しを決める様子とする。【相手を手で打ち付ける様子とする説もある】

基本アイテム

1年生の漢字

2年生の漢字

3年生の漢字

4年生の漢字

5年生の漢字

6年生の漢字

漢字４コマ指導法				よくある書き間違い
		腹	腹	腹
★　　　　肉体（月）＋音符（复）フク。おなかがすくと歩（夊）けないので，体（月）に食べ物（日）を摂取（𠂉）する様子とする。【「复＝下方がふくれた器（畐）＋足（夊）→腹部の様子」「复＝包む」などの説がある】				夊を又と書く
			奮	奮
★★　　　人（大）が，（田）から飛び立つ鳥（隹）の群れを見て，とても興奮している様子とする。【死者の魂が足かせ（田）をつけた鳥（隹）の姿で胸もと（大）から飛び出す様子とする説もある】				隹の１，３画目が足りない
		陛	陛	陛
★★　　　階段（阝）＋両手に物を捧げ持つ人（比）＋身分の高い人が手を広げている（大→土）様子とする。【「盛り土（阝）＋順序よく並ぶ（坒）」「神聖な土の階段上に並ぶ２人」などの説がある】				土を王と書く
				補
★★　　　衣（ネ）＋音符（甫）ホ。「十＝針と糸」「丶＝巻いた糸」とし，衣服（ネ）に小さな布きれをあてて，破れた部分を直した衣（甫）→補修する様子とする。【甫＝根を包み込んだ苗木の形とする説もある】				甫の点が足りない。ネをネと書く

漢字4コマ指導法				よくある書き間違い
		暮	暮	墓
★★★ 草むらの間に沈む太陽（莫）＋太陽（日）。「莫」だけでも草原の間に日が沈む様子，日暮れを表すが，さらに「日」を加えて強調している。下の「日」は，「池に反射した太陽」とする。				似ている字形の墓との混同
				棒
★★★ （木）＋音符（奉）ホウ→ボウ。奉＝両手で太い木の枝を持つ（夫）＋手（丰→キ）→手に持って打ち叩くための棒。【奉＝打ち叩く様子を表すとする説もある】				夫の横画が１画足りない
				幕
★★★ 草むらの間に沈む太陽（莫）＋内部を隠して見えなくする布（巾）。「莫」は草むらの間に日が隠れる様子から「隠す」という意味をもつ。草原に張る布のイメージから「巾＝陣地に張る幕」とする。				巾の縦画を突き出さない
		模	模	模
★★ （木）＋草むらの間に沈む太陽（莫）。太陽が隠れると周囲が見えないので，「手探りでなぞらえる，まねをする」という意味を表す。「大＝まねをする人の様子」とする。				大を木と書く

基本アイテム

１年生の漢字

２年生の漢字

３年生の漢字

４年生の漢字

５年生の漢字

６年生の漢字

漢字４コマ指導法				よくある書き間違い
		郵	郵	郵

★★★　花が垂れ下がって（垂）咲く，田舎の村（阝）に手紙を届ける様子→郵便。「垂」の筆順が児童にとって難しい。「乗」と併せて再確認するとよい。【垂＝地の果てとする説もある】

重との混同で１画多い

★★★　人（イ）＋音符（憂）ユウ。顔（頁）に表れるほど人（イ）を心配（心）し，足どり（夂）が重くなる→他人を思いやる様子とする。【「憂＝心配してふさぎこむ様子」「憂＝面を着けて舞う人」などの説がある】

百＋冖と書く

		欲	欲	敛

★★★　深い谷底（谷）＋口を開けている人（欠）→深い欲望を満たそうとしている人の様子。【「谷＝空っぽの場所」「谷＝器の上に表れる神」「谷＝物を入れる」などの説がある】

欠を攵と書く

			卵	卵

★★★　虫や魚の卵の象形。「メダカの卵の様子」とする。理科の観察と合わせて字形を指導するとよい。卵に「付着糸」と呼ばれる糸のようなものがつながっている様子や，大きな目を観察することができる。

点が足りない

漢字４コマ指導法				よくある書き間違い
		覧	覧	覧

★★　目を見張る（臣）＋届く（宀）＋文書（一）＋（見）る→全体によく目を通す様子とする。「一」を書き忘れる児童には，「何に目を通すの？」と声を掛けるとよい。【旧字体は「覽」。水鏡に姿を映す（監）＋（見）】

宀の下の一が足りない

| | | 裏 | 裏 | 裏 |

★★★　（衣）＋音符（里）リ。「衣」を上下に分割して「里」を挟んだ形。里＝縫い目が見える衣服の裏側。「表」と「裏」の字形が似ていることを生かして，セットで指導するとよい。

展との混同で衣の１画が足りない

| | | 律 | 律 | 律 |

★★★　道・行い（彳）＋筆（聿）。人が進むべき道や行いを文字にして刻みつけたもの。「聿」の筆順で「つらぬく縦画は最後」という原則を徹底するとよい。【均一にならす様子→守らねばならない掟とする説もある】

彳を亻と書く

| | | 臨 | 臨 | 臨 |

★　「臣＝目を見張る様子」なので届いた（宀）品物（品）をしっかりと見る（臣）→物事に臨む様子とする。【「水鏡に姿を映して見る（監）＋多くの物（品）」「上からのぞき込む（監）＋（品）」などの説がある】

臣を巨と書く

基本アイテム

１年生の漢字

２年生の漢字

３年生の漢字

４年生の漢字

５年生の漢字

６年生の漢字

Column

漢字の部首の見分け方

　多くの教科書は，４年生で漢字辞典の使い方を取り扱います。部首について指導すると，児童から「問は，門がまえではないの？」「どうして相は，木へんではないの？」という声が挙がることがあります。漢字辞典の使い方を指導する際に，あらかじめ「部首の原則」を指導するとよいです。

【部首の原則❶】意味の重みのある部分が部首になる
　「間・開・閉」は，門に意味の重みがあるので，「門」部に分類されます。「問」は口，「聞」は耳に意味の重みがあるので，「口」部，「耳」部に分類されます。同様に，「相」は，木よりも「見ること」に意味の重みがあるので，「木」部ではなく，「目」部に分類されます。

【部首の原則❷】音を表す部分（音符）は部首にならない
　漢字の中には，音符と意符で構成されているものがあります。「問」「聞」は，「門／モン」が音符（問題／モンダイ，聴聞／チョウモン）です。音符は部首にならないので，「門」部には分類されません。

　また，児童から「辞典と漢字ドリルの分類が違う」「友達の使っている辞典と部首名が違う」という声が挙がることもあります。編纂者の考えにより，部首の分け方が異なる漢字があります。例えば，「月（にくづき）」を含む「胃」「肺」を「肉」部に分類しているものもあれば，「月」部に分類しているものもあります。辞典によって名称の異なる部首もあります。

　部首は，便宜上の分類や名称なので，漢字ドリルや辞典によって異なることを伝えるとよいです。ただ，最初に漢字辞典の使い方を指導するときは混乱を避けたいものです。児童の持参した辞典がどのように分類しているかを調べておき，異ならないものを例として使うとよいです。

第3章

楽しい学びに変える！
漢字学習
アイデア事典＋α

01 漢字イラストカードの作り方
―様々な場面で使える漢字の画像データを作る

用意するもの：PowerPoint・ペイント・フリー素材

おすすめ学年	低 中 高	所要時間	なし	対象漢字	新出 既習 未習

ねらい

・授業やテストで幅広く活用できる画像データを作成する。
・児童の実態に合わせたオリジナルの漢字4コマ指導ができる。

作業の手順

PC ソフトの PowerPoint とペイントを使い，画像データを作成します。

手順1　あとで画像として切り出す際，ガイドにするための枠を用意します。「挿入→図形」で正方形の枠を作成します（）。サイズは14cm×14cmにします。

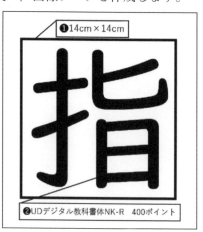

手順2　「挿入→テキストボックス」で漢字を挿入します。フォントは，標準搭載の「UD デジタル教科書体」がお薦めです。文字サイズは400にします（）。

手順3　プリントスクリーン（Windows キー + Shift + S）をして画面を切り取り，PowerPoint のスクリーンショットをとります。

手順4　ペイントを起動したら，「貼り付け」を押します。PowerPoint のスクリーンショットがそのまま添付されます（❸）。「選択」を押してド

ラッグで範囲指定し，「トリミングする」を押せば，必要な部分だけを切り出すことができます（**4**）。

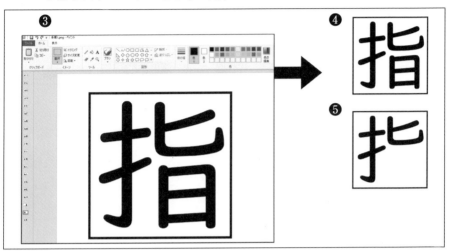

|手順5| 「消しゴム」で漢字の一部を消すこともできます（**5**）。完成したら，「ファイル→名前を付けて保存」をします。保存形式は，PNG または JPEG がお薦めです。

|手順6| このデータを再度，PowerPoint に画像挿入すれば，イラストや図形を更に加えた画像データを作成することができます（**6**）。

　この本で使用している画像は，全てこの方法で筆者が作成しています。イラストは，商用利用可・クレジット表記不要・使用点数制限なしの web サイトのフリー素材を使っています（サイト名などは巻末で紹介します）。

新たな解釈案を考えよう
—自分なりに解釈することで漢字に親しませる

————————————————————— 用意するもの：ワークプリント

おすすめ学年	低 **中** **高**	所要時間	45分	対象漢字	**新出** **既習** 未習

ねらい

・部首や部分に注意しながら漢字の構成を理解する。
・基本アイテムを使いながら自分なりの解釈案を考える。
・互いの解釈案を鑑賞し，よいところを伝え合う。

活動の手順

　成り立ちの諸説にとらわれない自由な発想で，自分なりの解釈案を考えさせます。イラストが得意ではない児童は，「←手の形」「←歩いている人」のように，部首や部分に矢印で意味を書き込ませるだけでもよいです。完成したら，互いの作品を鑑賞し合って，感想を交流させます。

年　　名前			私の考えた解釈案
		軽	

Point!

　個人では，なかなか思いつかない児童もいます。最初は，グループで話し合いながら考えさせると，どの児童も安心して取り組むことができます。

6年生配当漢字「骨」の栗林案

| | | | | 肉牛の頭部の骨（冎）と肉（肉→月）の形とする。3，4画目は目の穴。 |

児童の考えた解釈案の例❶

（冎）は人間の頭蓋骨。（月）も全部，骨にすることで骨らしさを強調する。3，4画目は目の穴。

児童の考えた解釈案の例❷

（冎）は骨付き肉の形。（月）もステーキの形。3，4画目は，肉をかじった跡。

6年生配当漢字「将」の栗林案

| | | | | 将棋台（丬）+手（⺜）+手（寸）=将棋をさしている様子とする。 |

児童の考えた解釈案の例❶

机（丬）+手（⺜）+手（寸）=えらい人（将）が書類に判子を押しているところ。「寸」の「丶」が判子。

児童の考えた解釈案の例❷

テーブル（丬）+手（⺜）+手（寸）=アームレスリング団体戦の大将同士の対決。「寸」の「丶」は飛び散る汗。

5年生配当漢字「夢」の栗林案

				寝台（丬→艹）＋目（罒）＋布団（冖）＋夜（夕）＝夢を見る様子とする。

児童の考えた解釈案の例

			草むら（艹）でウトウトして夢を見ていたら，目（罒）を覚まして「（ワ）ッ。もう（夕）方だ！」と驚いている様子。

5年生配当漢字「程」の栗林案

				穀物（禾）＋器（口）＋目盛り（王）→分量・程度の様子とする。

児童の考えた解釈案の例

			たくさん収穫（禾）できたご褒美に，（王）様が農家にプレゼントの箱（口）をくれる様子。

5年生配当漢字「増」の栗林案

				土地（土）＋鍋に蒸し器を重ねた形（曽）＝幾重にも重なり，増える様子。

児童の考えた解釈案の例

			土地（土）＋太陽（日）が当たると（田）の雑草（ヽヽ）も元気に増えてしまう様子。

4年生配当漢字「極」の栗林案

  極 極

コンセント（口）に手（又）でプラグ（丂）を差し込む様子とする。

児童の考えた解釈案の例

（木）の近くにある伝説の宝箱（口）に手（又）を伸ばした瞬間，天から雷（丂）が地面（一）に向かって落ちる様子。

4年生配当漢字「康」の栗林案

家（广）で心地よい音を鳴らす（隶）→やすらかな様子とする。

児童の考えた解釈案の例

家（广）のお風呂で背中をゴシゴシと洗う（隶）様子。「氺」は，タオルと飛び散っている水。

4年生配当漢字「焼」の栗林案

  焼 焼

（火）＋植物（十）＋植物（艹）＋人（兀）→野焼きをする様子とする。

児童の考えた解釈案の例

（火）＋野菜（十）＋野菜（艹）＋台（兀）→バーベキューで野菜を焼いている様子。

03 スリーヒントクイズ大会
―既習漢字を楽しく復習させる

用意するもの：プリント，PC，プロジェクタまたはモニター

おすすめ学年	低 中 高	所要時間	45分	対象漢字	新出 既習 未習

ねらい

・部首や部分に注意しながら漢字の構成を理解する。
・部首や部分から漢字を想起する。
・ヒントをもとに，正しい漢字を書く。

活動の手順

(1)クイズカードを準備する

　手書きのカード，または「01　漢字イラストカードの作り方（p.140）」で作成した画像データをクイズカードとして使用します。クイズカードは，黒板に掲示できるように A4用紙などにプリントアウトしておくか，PowerPoint のスライドショーで提示できるように準備しておきます。

【クイズカード】

第1ヒント　　第2ヒント　　第3ヒント　　正解

⑵ルールを確認してクイズ大会を行う

　漢字のクイズカードを１枚ずつ提示します。漢字がわかったら解答用紙に記入します。第１ヒントでわかったときは「①２３」，第２ヒントでわかったときは「１②３」，第３ヒントでわかったときは「１２③」と，マスの上にある数字を○で囲みます。間違いに気付いたら途中で書き直してもよいです。テストではないので，楽しませることが第一です。

先生：では，第１ヒントは，これです。
　　　どの漢字かわかったら解答用紙
　　　に記入してください。
児童：手へんだから，「持」かな。
先生：第２ヒントは，これです。
児童：わかった，「指」だ。ヒの下は
　　　白だったかな。日だったかな。
先生：第３ヒントは，これです。もう
　　　わかりますよね。
児童：やっぱり「指」だ。「ヒ」はスプーンで，「日」は器なんだね。

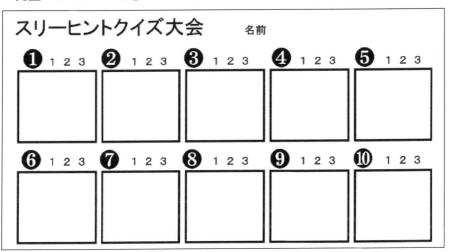

04 教室掲示の工夫
—新出漢字に進んで親しませる

用意するもの：新出漢字の一覧・漢字カード

おすすめ学年	低 中 高	所要時間	なし	対象漢字	新出 既習 未習

ねらい

・イラストから漢字を想起する。
・新出漢字の字形に親しむ。
・新出漢字の学習に期待をもつ。

　手書きのカード，または「01　漢字イラストカードの作り方（p.140）」で作成したカードを教室に掲示します。1枚だけ掲示する方法と，めくると少しずつ漢字に近づくように複数枚を重ねて掲示する方法があります。

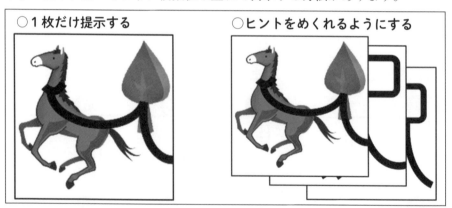

　1年間に学習する新出漢字表と一緒に掲示しておくと，「これ，あの漢字だと思うな」「似ているけれど，ここが手（又）だから，この漢字でしょう」といった会話をしながら，新出漢字に親しむ姿が期待できます。

148

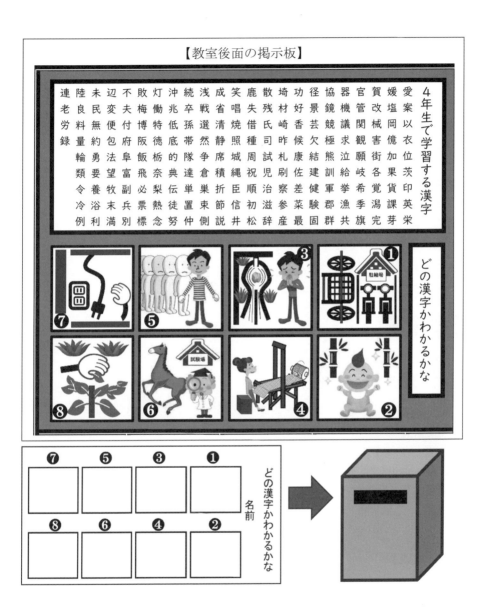

【教室後面の掲示板】

※投票用紙と投票箱を設置し，どの漢字か予想して投票できるようにしておくと，新出漢字により親しませることができます。

05 3コマ漢字テスト
—漢字テストへの自信をもたせる

―――――――――――――――――――――――――― 用意するもの：ワークプリント

| おすすめ学年 | 低 中 高 | 所要時間 | 10分 | 対象漢字 | 新出 既習 未習 |

ねらい

・漢字の部首や部分の意味を理解する。
・漢字学習への意欲を高める。
・漢字テストへの自信をもつ。

テストの解説

　「100点を取りたい」という思いは，誰もがもっています。頑張って練習してきたのに，テストで敗北感を味わうと，「自分は，やっぱり漢字が苦手なんだ」という気持ちにつながってしまう児童がいます。最初の漢字テストが肝心です。特に１年生をテストで勝たせることが，６年間の主体的な漢字学習の礎となります。「これなら簡単」→「100点を取れた」→「また100点を取りたい」という意識が「これからも漢字学習を頑張ろう」という意欲につながります。

Point!

　ここに紹介する「３コマ漢字テスト」は，あくまでも本番の漢字テストへの架け橋の一つです。得意な児童には物足りないかもしれませんが，小学校のテストは，どの児童も勝たせ続けることが大切です。楽しみながら印象深く漢字を身に付けさせ，テストに向けて自信をもたせるとよいです。

06 ホワイトボードツールの活用
—学習端末を活用して漢字に親しませる

用意するもの：画像データ，PC またはタブレット

おすすめ学年	低 中 高	所要時間	15分	対象漢字	新出 既習 未習

ねらい

- 漢字の部首や部分の意味，画数がわかる。
- 漢字から複数の熟語を想起する。
- 部首や部分から複数の漢字を想起する。

ワーク作成の手順

(1)背景となる画像を作成する

　ホワイトボードツールの付箋機能を活用した漢字の自作ワークです。学習端末を活用し，付箋を動かすことに特化することで，漢字を書きたがらない児童も手軽に取り組めるようにします。印刷・配付の手間がなく，何度でも複製して，繰り返し取り組ませることができます。

手順1　ワークの背景となる画像を作成します。まずは，PowerPoint に枠を用意します（❶）。

手順2　「01　漢字イラストカードの作り方（p.140）」の方法で作成した画像データを挿入します（❷）。

❶PowerPointに枠を用意

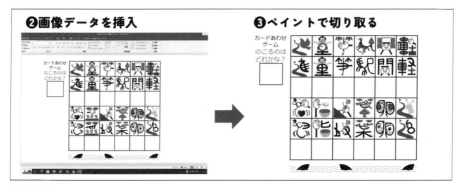

❷画像データを挿入

❸ペイントで切り取る

[手順3] プリントスクリーンをして，PowerPoint のスクリーンショットを
とります。ペイントを起動して，すぐに「貼り付け」を押すと，
PowerPoint のスクリーンショットがそのまま添付されます。「選択」
を押してドラッグで範囲指定し，「トリミングする」を押せば，必要
な部分だけを切り出すことができます（❸）。完成したら，「ファイル
→名前を付けて保存」をします。保存形式は，PNG または JPEG が
お薦めです。

(2)漢字の付箋を作成する

[手順4] 手順3で保存した画像データをホワイトボードツールの背景に設定
します（❹）。次に，漢字の付箋を作ります。1枚作ってコピーをす
れば，同じ大きさの付箋を複製することができます（❺）。

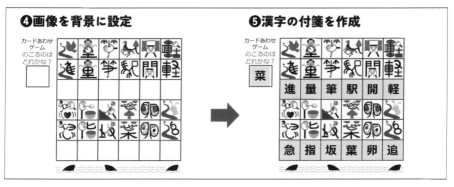

❹画像を背景に設定

❺漢字の付箋を作成

手順5 全ての付箋を配置し終えたら，表の周辺にランダムに配置します（❻）。これで1人分のワークが完成しました。

手順6 完成したワークを学級の人数分，複製します（❼）。準備ができたら共有の設定をします。すぐに学習端末で児童に取り組ませることができます。

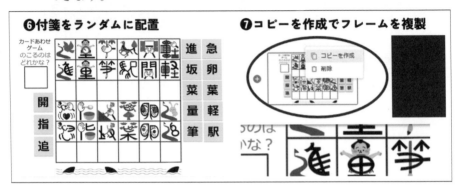

❻付箋をランダムに配置

❼コピーを作成でフレームを複製

※図は，Google Jamboard を使用した自作ワークの例です。Jamboard は，「2024年12月末で提供終了」の予定です。他にも Jamboard と同じように活用できる無料のホワイトボードツールがあります。実践例を参考に，様々なホワイトボードツールで自作してみてください。

　この方法で背景画像と漢字の付箋を組み合わせることで，他にもいろいろな漢字ワークを作成することができます。

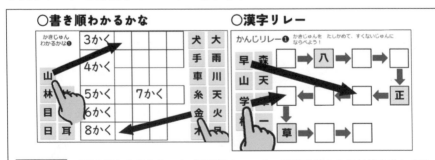

○書き順わかるかな

○漢字リレー

全学年向け　「書き順わかるかな」も「漢字リレー」も，画数を確かめて付箋を動かすワーク。画数を確かめるために必然的に漢字を空書きする姿が見られる。正答ではない場所に付箋を当てはめてしまうと別の付箋が余るため，間違いに気付くこともできる。

○反対漢字カード合わせ

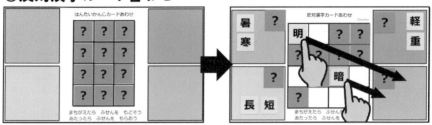

2～4人対戦の神経衰弱ゲーム。「？」の付箋の下に漢字の付箋が隠されている。付箋を順番に1人2枚ずつ動かし，「明・暗」「長・短」などの対になる漢字が出たら，自陣にもらえる。対にならない場合は，「？」の付箋をもとに戻して隠す。

○漢字しりとり

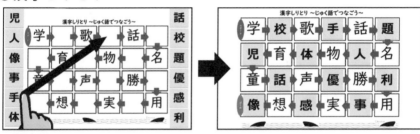

中・高学年向け 「学校ー校歌ー歌手」のように熟語の下1字を次の熟語の上1字につなげるワーク。次の1字もヒントになる。やり方がわかったら，ノートに手書きで自由に書かせ，誰がたくさんつなげられるかを競わせると自主学習につなげることができる。

○漢字ネットワーク

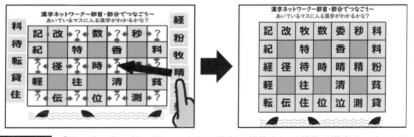

高学年向け 「記ー改ー牧ー特ー待」のように漢字の部首または部分で漢字をつないでいくワーク。上下左右の漢字をヒントに当てはまる漢字を考える。やり方がわかったら，ノートに手書きで自由に書かせ，誰がたくさんつなげられるかを競わせるとよい。

○ことばづくりゲーム

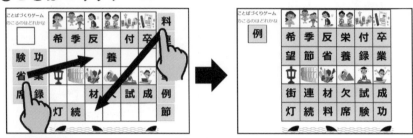

中・高学年向け　絵と配置してある漢字１字をヒントに熟語を作るワーク。１回目は「希□」，２回目は「□望」のようにあらかじめ配置する付箋を入れ替えるとよい。複数のワークを簡単に作成することができ，繰り返し取り組ませることができる。

○カード合わせゲーム

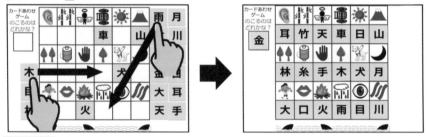

低学年向け　象形文字や指示文字を中心に，イラストと漢字を組み合わせるワーク。一度にたくさんの付箋を考えさせるのが難しい場合は，あらかじめ半分の付箋を枠に当てはめておき，半分ずつ取り組ませるとよい。

○漢字組み立てられるかな

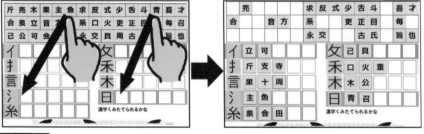

高学年向け　同じ部首や部分をもつ漢字をできるだけたくさん見付けるワーク。上下左右のどこと組み合わせてもよい。対戦形式で行うと盛り上がる。「立（泣・位・音）」「主（注・住）」のように複数の組み合わせのある付箋が入っているのがポイント。

第 **4** 章

押さえておきたい！
漢字指導の基礎知識

01 「象形・指事・会意・形声」以外の分類もある

辞典によって分類は異なる

　説明の文言にはわずかな違いがあるものの，いずれの教科書も「❶ものの形からできた文字（象形）」「❷点や線の記号を使った文字（指事）」「❸意味と意味とを組み合わせた文字（会意）」「❹意味と音とを組み合わせた文字（形声）」の４つの造字分類を紹介しています。小学校高学年の教科書で「漢字の成り立ち」として，取り扱われることが多いです。

　「形声」が最も多く，常用漢字2136字の７〜８割を占めるといわれています。「象形」と「会意」を合わせても２〜３割程度で，「指事」はごくわずかです。割合が異なるのは，辞典によって分類が異なるからです。例えば，「門」を「象形」とするものや「会意」とするもの，「雪」を「象形」とするものや「形声」とするものなど，辞典によって違いが見られます。

自力で「音読み」できるかを試す習慣をつける

　「形声」は，「何＝意符（イ）＋音符（可）カ」や「時＝意符（日）＋音符（寺）ジ」のように意符と音符の組合せです。多くの漢字が「形声」であることから，既習漢字の音符をもとに「音読み」を類推できる漢字も多いといえます。ですから，新出漢字を指導する際には，一方的に教員側から読みを提示するのではなく，まずは「音読み」できるかを児童に試させるとよいです。例えば，「音符（可）カ」をもとに「河」の音読みを，「音符（寺）ジ」をもとに「持」の音読みを，というように既習事項を生かして類推する習慣をつけさせることが大切です。

「会意」と「形声」の特徴を併せもつ「会意形声」文字

　「会意」は，「鳴＝意符（口）＋意符（鳥）」「岩＝意符（山）＋意符（石）」のように意符と意符の組合せです。構成している部首や部分をもとに，その漢字の意味を類推することができます。ただし，「形声」ほど割合が多くないため，「漢字の意味を類推できるものは少ないのではないか」と思う人もいるかもしれません。

　ところが，従来は「形声」に分類されていたものを「会意」と「形声」の特徴を併せもつ区分に分類する辞典もあります。『角川新字源　改訂新版』（角川書店）や『漢字典　第三版』（旺文社）では「会意形声」と区分しています。なぜなら，「同じ音符をもつ文字は，原則として，系統的に類縁のある意味を表している」（『角川新字源』p.1183，角川書店，1994年）からです。例えば，同じ「音符（冓）コウ」をもつ「構・講・溝」は，いずれも「組み合わせる」という意味をもちます。他にも，「係＝音符（系）ケイ／つなぐ」「判＝音符（半）ハン／二つに分ける」など，音と意味を併せもつ部分を含む漢字はたくさんあります。「会意形声」として紹介してはいませんが，このことについて触れている教科書もあります。

　「青」を部分にもつ漢字は，「セイ」という音だけでなく，「すみきった」などの意味をあわせもっています。（清・晴・精）

「漢字の広場④音を表す部分」『ひろがる言葉　小学国語　六下』p38，教育出版　令和２〜５年度版

　「会意形声」と「会意」を合わせると４割近くになります。また，「形声」に分類していても「持→音符（寺）ジは，立ち止まるの意」のように音符の原義を示している辞典も多く，「音符は音だけを表す」という漢字は意外と少ないです。本書は，こうした「同じ部分は同じ意味をもつ」という考えのもと，「形声」も含めた全ての漢字の部首や部分の意味を解釈しています。

02 「手本と違う」と 厳しく採点するのは間違い

指導は厳密に，採点は教育的に

　漢字が嫌いな理由の１つとして，「テストでとめ・はね・はらい等を厳しく×にされるから」という声を聞きます。「厳密に指導するから採点も厳密」という児童との合意があるならまだしも，「練習は家庭学習任せなのに，採点だけ厳しい」という，指導と評価が一致していない事例もあります。とめ・はね・はらい等は，使用する教科書を手本に練習段階で厳密に指導しますが，テストの採点では手本どおりではないからと，×にすべきではありません。なぜなら，「手本どおりではない＝間違った字」ではないからです。

　文化庁の「常用漢字表の字体・字形に関する指針（報告）」において，「木の２画目をはねる」「天の１画目を短く書く」などの手書きの字形の違いについて「誤りではない」ことが示されました。また，常用漢字全2136字の手書きと活字の例を挙げて，「一方の字形だけが正しいわけではない」ということも改めて強調されました。活字と手書きの字形の違いや，いろいろな手書きの仕方があることについては，小学校高学年を中心とした書写の教科書でも取り扱われています。

出版社ごとに教科書の字形も異なる

　実は，各出版社の教科書体には違いがあります。そのため，ドリルやテストは，教科書の内容だけでなく，字形にも準拠して作成されています。特に小学校低学年では，使用する教科書やドリルの字形を手本として指導しますが，その字形が絶対ではないことを心得ておくとよいです。

◆はらうか止めるか　　◆つけるか離すか　　◆点画の向き

返 返 位 位 心 心

| 光 | 学 東 教 | 学 教 | 光 東 | 学 | 光 教 東 |

教＝教育出版　東＝東京書籍　学＝学校図書　光＝光村図書

教科書ごとの字形の違い

　これらのことから，テストでの採点は，文化庁の指針で示されている字形の例を心得て，教育的に行うことが大切であると考えます。字体は間違っていないけれど，すぐには手本のように整えて書けない児童もいます。字形の美醜・巧拙などに関わる指導は，児童に寄り添いながら根気強く行うことが大切です。

許容できない間違った字形を心得ておく

　許容できない字形も当然あります。それは，他の漢字と混同するものや，その漢字だと読み手が認識できないものです。練習段階で許容できない理由を伝え，気を付けて書くように指導することが大切です。

◆別の漢字になってしまうもの
①突き出す　　牛午／矢失／力刀　など　　②過不足　　住往／王玉／休体　など
③長短　　　　土士／末未　など　　　　　④方向　　　千干／人入　など
⑤離れる　　　天→一大　など
◆別の構成になってしまうもの
　確　○石＋宀＋隹　　×石＋宀＋隹　　　落　○艹＋洛　　×氵＋茖
　病　○疒＋丙　　　　×氵＋广＋丙　　　　　　　　　　　　　　　　　など

許容できない間違った字形の例

漢字の「書き」は，複数学年で習得を図る

読みよりも書きの習得には時間が掛かる

　国立国語研究所の調査結果を見ると，どの配当学年でも読みは9割の習得度を示しています。

読み	配当学年
1年生	93.5
2年生	94.9
3年生	93.2
4年生	93.3
5年生	90.6
6年生	92.0

書き	配当学年	1年後	2年後	4年後
1年生	88.3	89.6	95.2	98.1
2年生	75.7	77.0	84.8	93.1
3年生	67.1	63.5	75.7	88.8
4年生	64.1	56.4	71.0	83.3
5年生	57.6	53.3	63.9	79.3
6年生	60.4	56.0	66.9	82.3

漢字の習得度調査の結果（％）

（国立国語研究所「児童・生徒の常用漢字の習得」1988年）

　それに対し，書きの習得度は，1年生で8割，2年生で7割，3年生で6割と，学年を追うごとに低下しています。また，配当学年から数年の時間を掛けて書きが定着していくこともわかります。小学校学習指導要領には「当該学年までに配当されている漢字を読むこと」とあるのに対し，書きについては「漸次」とあるのも，読みよりも書きの習得に時間が掛かるからだと考えられます。中学校学習指導要領では，小学校配当漢字の900字程度を第1学年で，全てを第2学年で書けるようにと示されています。

　「落」という漢字を例に，様々な語を正しく表記できるようになるまでを整理してみます。漢字そのものを書けずに誤答の児童（❶❷）もいれば，字体は習得した（❸）が，他の漢字との混同（❹）や送り仮名の間違い（❺），語彙不足（❻）による誤答の児童もいます。

段階	児童の状態	解答
❶	×その漢字を知らない	無答
❷	×正しい字体で書けない	
	レベル1　読めるが全く書けない	無答
	レベル2　全く書けない部分がある	芋
	レベル3　細かい部分を間違えている	落
	レベル4　点画のバランスが整っていない	落
❸	○正しい字体で書ける 　※知っている用法に限り正答できる	落
❹	×他の漢字と混同している 　・同じ音や訓の漢字と混同している 　・熟語の他方の漢字を間違えている	×楽書き ×団落
❺	×送り仮名を間違えている	×落る
❻	×出題された語を知らない（例）「らくよう」	無答または誤答
❼	◎語彙が増え，様々な語で正答できる	○落書き　○段落 ○落ちる　○落葉

様々な語を表記できるようになるまで（例：落）

　ですから，字体の習得（❸）をもってよしとせず，様々な語で使いこなせる（❼）ように継続した指導が大切です。指導要領には，「前の学年までに配当されている漢字を書き，文や文章の中で使う」とあります。つまり，書きについては複数年を掛けて定着を図ることを示しています。どの教科書にも，既習漢字を復習するページがあるのは，そのためです。「慣用句やことわざを学びながら前学年の漢字を復習する」など，工夫がなされています。軽視せず，しっかりと時間を確保して指導することが大切です。

04 筆順は「習得のための手段」であり，目的ではない

筆順の原則を継続的に指導する

　「たくさんの筆順を覚えきれない」という児童がいます。「よく見て覚えなさい」という指導だけでは，100字あったら100通りの筆順を覚えなくてはならないと思い込む児童もいるのです。筆順には原則があります。「このきまりがあるから，この順序」と，原則を強調しながら指導することが大切です。教科書では，2・3年生の書写で「つらぬく縦画は最後」「左払いから右払いへ」などの原則が取り扱われることが多く，他の学年で継続的に提示されないこともあります。原則は，いろいろな漢字に当てはめることで，確かな理解につながります。ですから，ある学年，ある時間だけの指導で終わらせず，全学年で継続して指導することが大切です。

　一度身に付いた筆順を修正するのは容易ではありませんから，1年生が勝負です。画数が少ない漢字のうちに，空書きを通して筆順を「体得」させることが大切です。

筆順を読み解く習慣をつけさせる

　久米公氏によると，初めて学習する部首部分のうち，筆順指導に留意するものは，1年生43，2年生42，3年生35，4年生17，5年生11，6年生10と，学年を追うごとに少なくなります。つまり，原則や既習漢字の筆順を組み合わせれば，上学年漢字の筆順のほとんどを自力で読み解くことができるようになるのです。さらに中学校や高等学校で1110字もの漢字を学習しますが，筆順指導に配慮のいる部首部分は30種程度で，大部分の漢字は小学校で身に

付けた筆順からの類推でほぼ判断がつくといいます。

　ですから，機械的に教科書やドリルの筆順を見て書かせるのではなく，「まずは自分なりに筆順を考え，そのあと教科書の筆順を確かめる」という習慣をつけさせることが大切です。

指導の拠りどころとしての筆順

　「唯一の正しい筆順がある」と誤解している人が，教員の中にもいます。教科書等で示されている筆順は，昭和33年に出された文部省『筆順指導の手びき』を基にしています。そこには，「学習指導上に混乱を来たさないようにとの配慮から定められた」とあります。いわば，指導の拠りどころとしての筆順，学校教育用の筆順なのです。「ここに取りあげなかった筆順についても，これを誤りとするものでもなく，また否定しようとするものでもない」とも明記されています。ですから，学校教育に携わらない人は，整えて書きやすい，慣れた筆順で書いて何の問題もないのです。教員や教育実習生は別です。授業で黒板に漢字を書くところを児童・生徒に見られますから，混乱を招かないよう，手引きの筆順で書くことを心掛けなくてはなりません。

目的化している筆順指導

　松本仁志氏によれば，学校教育における筆順の機能は，「書きやすさ，整えやすさ，読みやすさ，覚えやすさ」であるといいます。つまり，筆順指導は，漢字を習得させるための手段であって，目的ではありません。ところが，このことを正しく理解していない教員も少なくありません。漢字テストにおける「何画目に書きますか」という筆順問題です。「児童の筆順を点検して指導改善に生かす」という目的があるなら別ですが，唯一の正しい筆順はないのですから，点数をつけるためだけの筆順問題は改めるべきです。「学校教育用筆順」という呼称にすれば誤解する人を減らせるのに，と思います。

おわりに

　本当につくりたかった本が，またできました。前著『学校全員が夢中になる漢字学習アイデア事典』（明治図書出版）では，四半世紀に渡って実践・改良を行ってきた漢字学習の事例をまとめる機会をいただき，とても幸せな経験をすることができました。今回は，どうしたら漢字を習得しやすくなるか，と私なりに教材研究を積み重ねたものをまとめる機会をいただきました。

　多くの児童が漢字の習得に苦戦しています。落語の「平林」にある「一八十のモクモク」のように，漢字を分解して呪文のように唱えて覚える方法もあります。記憶の仕方は人それぞれです。児童が自分にあった方法を見付けられるように，指導する側は様々なアイデアを提示できたらよいと思います。本書もその一つに加えていただけたらと思います。

　武田鉄矢氏の「人という字は」という有名なエピソードがあります。「成り立ちとしては間違いだった」と，バラエティ番組で本人が訂正していましたが，「自分なりにこの漢字はこう見える」と解釈することこそ大切だと私は考えます。実際，「人は支え合って生きていくものだ」という武田氏の話に多くの人が感動したのですから，大正解だったと感じています。児童にも「自分ならこう解釈する」という楽しさを感じてもらいたいと思います。

　最後までお読みいただきありがとうございました。「この漢字は，こう覚えるといいよ」と，児童に話したいと思えるものが一つでもありましたら，執筆者として，漢字好きとして，とても嬉しいです。

栗林　育雄

【本書で使用させていただいたフリー素材】
○フリーイラスト素材集ジャパクリップ　https://japaclip.com/
○イラストのっく　　　　　　　https://illustknock.com/
○ねこ画伯コハクちゃん　　　　https://kohacu.com/
○ナイスなイラスト　　　　　　https://niceillust.com/
○icooon-mono　　　　　　　　https://icooon-mono.com/
○フリーアイコンズ　　　　　　https://free-icons.net/
○ピクトアーツ　　　　　　　　https://pictarts.com/

【参考文献一覧】

白川静『新訂　字統』平凡社，2007年

藤堂明保・他『漢字源　改訂第六版』学研プラス，2018年

小川環樹・他『角川新字源』角川書店，1994年

小川環樹・他『角川新字源　改訂新版3版』角川書店，2019年

鎌田正・米山寅太郎『新漢語林　第二版』大修館書店，2011年

小和田顯・他『漢字典　第三版』旺文社，2014年

下村昇『となえておぼえる漢字の本　小学1～6年生　改訂3版』偕成社，2017年

下村昇『漢字の成り立ち』高文研，2006年

伊東信夫『白川静文字学に学ぶ　漢字なりたちブック1～6年生』太郎次郎社エディタス，2018年

武部良明『漢字はむずかしくない―24の法則ですべての漢字がマスターできる』アルク，1993年

『小学漢字1026字の正しい書き方　四訂版』旺文社，2018年

藤堂明保『漢字の起源』講談社，2006年

落合淳思『漢字の構造』中央公論新社，2020年

落合淳思『漢字の成り立ち図解』人文書院，2022年

落合淳思『漢字の字形』中公新書，2019年

辻井京雲『図説　漢字の成り立ち事典』教育出版，1993年

久米公『漢字指導の手引き　第八版』教育出版，2017年

文化庁『常用漢字表の字体・字形についての指針：文化審議会国語分科会報告』三省堂，2016年

国立国語研究所『児童・生徒の常用漢字の習得』2001年

日本教材文化研究財団『生きる力が育つ漢字の学習』1999年

ベネッセ教育総合研究所『小学生の漢字力に関する実態調査』2007年・2013年

松本仁志『筆順のはなし』中央公論新社，2012年

平山三男『漢字の語源図鑑』かんき出版，2022年

栗林育雄『学校全員が夢中になる漢字学習アイデア事典』明治図書，2022年

【著者紹介】

栗林　育雄（くりばやし　いくお）
1971年新潟県柏崎市生まれ
新潟大学教育学部卒業。新潟大学院修了
新潟県公立小学校の教頭を経て，上越教育大学特任准教授
著書『学校全員が夢中になる漢字学習アイデア事典』（明治図書出版）
日本けん玉協会けん玉道四段　glokenけん玉先生
第２回・第10回白川静漢字教育賞優秀賞
第14回ちゅうでん教育大賞優秀賞
上越教育大学教育実践研究第19集「漢字学習の意欲を高める指導の工夫」
長岡市教育研究論文優秀賞「確実な習得につなげる漢字学習指導の工夫」
ほか論文入選

国語科授業サポートBOOKS

苦手な子どもも楽しく学べる！漢字４コマ指導法

2024年2月初版第１刷刊　Ⓒ著　者　栗　林　育　雄
　　　　　　　　　発行者　藤　原　光　政
　　　　　　　　　発行所　明治図書出版株式会社
　　　　　　　　　http://www.meijitosho.co.jp
　　　　　　　　　（企画）新井皓士（校正）中野真実
　　　　　〒114-0023　東京都北区滝野川7-46-1
　　　　　振替00160-5-151318　電話03(5907)6701
　　　　　　　　ご注文窓口　電話03(5907)6668

＊検印省略　　　　　組版所　長野印刷商工株式会社

Printed in Japan　　　　　　ISBN978-4-18-388825-9
もれなくクーポンがもらえる！読者アンケートはこちらから